赤ちゃん学で理解する
乳児の発達と保育

第2巻

# 運動・遊び・音楽

一般社団法人　日本赤ちゃん学協会＝編集
小西行郎・小西薫・志村洋子＝著

中央法規

# 刊行にあたって

本書の主人公である〝赤ちゃん（子ども）〟は「ヒト」のはじまりを象徴しています。「ヒト」のはじまりとなる赤ちゃんの成長・発達はとても複雑で、ある角度からだけみていたのでは、その発達のメカニズムを解明することはできません。そこで、医学や発達認知心理学、脳科学、情報工学、教育学など各領域の専門家が集まり、ともに研究し、情報を交換し、議論を尽くす場として、2001年に誕生したのが日本赤ちゃん学会です。

赤ちゃん学からみえてきた赤ちゃんの姿は、自ら行動し、考え、成長する力をすでに備えもっているということでした。一方で、未だに赤ちゃんは白紙の状態で生まれてくる無力の存在だという考え方が根強くあります。そのため、親や周囲の大人のなかには、赤ちゃんに対して「教え込まなければいけない」と思い込んでいる人が少なくありません。本学会は、そのような考え方を科学的な視点から問い直し、赤ちゃんを支えるすべての人たちが赤ちゃんの立場に立った育児や保育ができるように手助けしたい。そして、研究のための研究ではなく、その成果は現場でいかされるべきであるという思いがありました。

日本赤ちゃん学協会は、赤ちゃんから得た知見を広く社会に還元することを目的に、本学会をサポートしています。そして、まずは赤ちゃんの育つ現場で活躍する保育者の皆さんに、赤ちゃんの発達に関する知識や情報を伝えるための講座や講演会を開催してきました。そしてこのたび、中央法規出版から『赤ちゃん学で理解する乳児の発達と保育』全3巻を出版する運びとなりました。

このシリーズで対象としている子どもは、0歳児を中心に2歳児くらいまでです。また、保育に役立つ教科書という趣旨から、保育現場や医療機関での臨床に近いテーマを研究する執筆者が中心となっています。多くの教科書と異なり、研究からわかってきた赤ちゃんの側からの発達理由を伝え、そのことへの対応や答えを詳らかにしています。

赤ちゃんは知れば知るほど不思議に満ちています。よくよく観察しているうちに、こちらが楽しくなったり、幸せを感じることも多いのではないでしょうか。保育者の皆さんも、日々の保育実践のなかで赤ちゃんの不思議に遭遇し、驚き、感心していることでしょう。

本書を読まれ、あらためて現場で赤ちゃんと向き合ったときに、必ず新たな発見があるはずです。そして、いつか赤ちゃん学会にも参加してみてください。皆さんの気づきを研究者たちにフィードバックしていただければ、赤ちゃんへの理解はさらに進むことでしょう。本書が保育者、子育て支援にかかわるすべての方々に活用されることを心から願っております。

一般社団法人日本赤ちゃん学協会
代表理事　小西行郎

第1章

# 運動

# 第2章 遊び

第3章

# 音楽

第１章

# 運動

第1節　基礎知識

第2節　保育実践

第3節　プラスαの知識

第4節　発達からみる保育のポイント

# 歩行までの発達

## ひとり歩きは試行錯誤の連続

生まれたばかりの子どもにとって、最初の一歩を踏み出すまでのプロセスは、新たな世界への挑戦の連続です。

子どもは自分で動くことで試行錯誤を繰り返し、最終的には「自分の足で歩く」という能力を獲得していきます。

## 歩くような動作は胎児期から

両足を交互に前に出す歩行のような動作は、胎児期からはじまっています。胎児の動きを超音波で調べた研究では、胎児がおなかのなかで、左右の足を交互に前に出す動作を繰り返していることが観察されています。

生後まもない新生児も、両脇を支えて足を床につけてやると、両足を前後に動かすようなしぐさをします。

胎児期には脳は未熟で、運動をつかさどる脳機能も十分ではないので、自分の意思で足を動かすことはできません。にもかかわらず、胎児が、まるで将来のひとり歩きに備えるかのように自発的に両足を前後に動かすしぐさをするのは、とても興味深いことです。

## ひとり歩きには知覚や認知などの脳の発達が関係する

3～4か月頃になると、子どもはうつぶせ寝の状態から上体を起こして辺りを見渡すようになります。腕や首の筋肉、背骨の発達を感じさせる動作ですが、これには脳の知覚機能や認知機能の発達が深く関係していると言われています。また、「世界を探索したい」という旺盛な意欲も、上体を起こす原動力になります。

7か月頃にお座りがほぼ完成し、目の位置が高くなる頃、子どもは遠近感や物の大きさが判別できるようになります。そして、今度は自分が姿勢を変えると視野が広がることに気づきはじめます。そのとき遠くのおもちゃやまわりの物に関心を向けると、それをとるために、頭を腕や手で支えながら、腹を床につけてぎこちなく目的地まで這《は》っていきます。

その後のずり這いやハイハイでは、手足の動きをコントロールしたり、動きはじめと静止のバランスをとったり、障害物を回避する判断をしたり、「～したい」という情緒を伴い、前進か逃走を決定したりして姿勢の転換の経験を積みます。運動、知覚、認知の諸機能が相互に刺激しあって脳機能の発達をうながし、最終的には立って移動する直立二足歩行が実現します。

歩行の開始とほぼ同時期に言葉の使用がはじまると、子どもは保育者から離れて他者とかかわる喜びを全身で感じるようになります。歩行獲得の過程は、身体機能の発達はもとより、自ら世界を開く過程としても重要です。子どもは自ら動くことで世界を広げていく、つまり周囲の環境に適応しながら歩行をより確かなものにしていくのです。

## 1 胎児期

移動のためのハイハイや歩行、食物を飲み下す嚥下、肺呼吸のための横隔膜の上下運動など、さまざまな運動をしつつ、生後の活動に備える（11頁参照）。

生後に必要な能力を自らつくりだしていく時期。

## 2 誕生～1か月

昼夜の区別がなく、1日のほとんどを眠って過ごす。起きている時間は、自ら周囲を探索する。泣きが多い時期でもある。

周囲への探索がはじまる時期。
授乳や排泄の支援を中心に。

## 3 2～3か月

昼間起きて過ごす時間が長くなる。反射運動の多くがみられなくなり、代わって自ら物に手を伸ばすなどの意識的な運動が出現する。

無意識から意識的な運動へ、「生後2か月革命」と呼ばれる運動の大変化が起こる。

## 4 4～6か月

首がすわり、脇の下に丸めたタオルを置くと両手で首を支えて持ち上げ、ハイハイの姿勢ができる。クッションなどの支えがあると、お座りの姿勢もできる。

姿勢の変化とともに、認知能力が高まる。
意識的な運動が活発化する。

## 5 7～11か月

お座り、ハイハイ、つかまり立ちができはじめる時期。みる世界に「高さ」が加わって視界が広がり、周囲の人や物と積極的にかかわろうとする意欲や気力が増進する。

お座り、ハイハイ、つかまり立ちができるようになる。探索活動への意欲が高まる。

## 6 1～2歳

歩行とほぼ同時期に言葉の使用がはじまる。さまざまな運動機能の獲得とともに認知能力が飛躍的に向上する。歩行では、すぐにチャレンジする子もいれば、かなり自信がつくまで歩こうとしない慎重な子もいる。

歩行と言語で他者と積極的にコミュニケーションを図ろうとする。

# 運動で大切なこと

## 運動の定義

私たちが運動と言うとき、健康や余暇のために身体を動かすこと、特にスポーツを指すことが多いようですが、子どもの運動は、どこか物理学を思わせる発達の概念として用いられます。

改めて運動とは、動かす身体の部位の位置が時間とともに変化をすることです。例えば、腕を伸ばす、腕を伸ばして手が物に触れたらそれをつかむ、眼球が動く（対象物を目で追う）などです。動く部位は頭、首、四肢、指、体幹、顔の筋肉、眼球、舌など多岐にわたります。これを「しぐさ」や「動作」と言い換えてもいいでしょう。

## 基本的な運動を身につける

乳児の運動発達において重要なのは、「基本的な運動パターンを身につけ、それを無意識におこなえるようになる」ことです。

私たち人は、例えば歩くときに「右足の次は左足を出そう」とか、「次は、右足を少し高く上げてみよう」など、いちいち考えながら行動しません。歩行のたびに動作を考えたり、変更をしていたのでは非効率ですし、不便です。なかでも生活に必要な基本的な動作（生活動作）は、流れるようにスムーズにおこなえなければ生活に支障をきたすでしょう。この「運動の基礎」をつくる時期が、乳児期です。

## 自ら試行錯誤して、運動パターンを獲得する

近年の運動研究では、乳幼児期の運動発達について大切なことがさらに判明しています。それは子ども自身が、日々動作を繰り返しながらもっとも効率的な動作を選びとっている、ということです。

対象物に腕を伸ばしてつかむ「リーチング」を例にあげます。誰もが使うこの簡単な動作は、❶手（指）を開いて、❷対象物に向けて腕を伸ばし、❸対象物をつかむ、という3つの運動で構成されています。

4か月頃は、3つの運動の1つひとつがぎこちないのが特徴です。最初から上手に物をつかめるわけではなく、腕を対象物と違う方向に伸ばしてみたり、対象物の手前で手を握ってしまったり。しかし1歳頃になると、1つひとつの運動が洗練され、3つの運動が連動しておこなえるようになります。しかもリーチングでは、腕が伸びる前に手や指が開くようになり、対象物をつかむしぐさそのものです。以後も、運動パターンを増やしていきます。

乳児の運動で大切である生活動作を身につける過程は、子ども自身が試みと失敗を繰り返しながら見通しを立てていくものでなくてはいけません。子どもは考えて学ぶのではなく動いて学ぶのです。

保育者は、誰に教わるのでもなく、自ら最適な運動を獲得する子どもの意欲を最大限尊重し、保育のしかたや環境を工夫することが大切です。

# 乳児は自ら動くことで最適な運動パターンを獲得する

乳児は、いまある能力を試しながら、生きていくのに必要な運動を獲得している。

## 子どもが運動を獲得するプロセス

子どもは、乳幼児期に「一番効率の良い運動パターンをみつける」という運動の最適化を行うことで、それ以降は無意識に、自由に身体を動かせるようになる。

**胎児期**

運動パターンの原型をつくる。

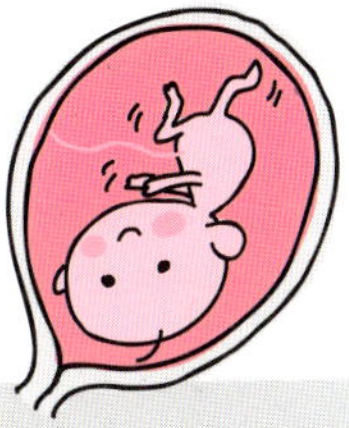

**新生児期〜乳児期**

反射運動などを使って運動を無意識に行う。

**幼児期を通じて**

意識的に運動を行って、運動パターンを増やす。

## 単純な動作にもさまざまな能力が必要

対象物までの距離や高さの視覚的な把握

自分の手を使って物をつかむという認識

触ってみたい、という好奇心や意欲の持続

物に手を伸ばすのに適した姿勢のコントロール

物を効率よくつかむための腕の角度や速さ、つかんで持ち上げるときの指の圧の強さといった運動制御

# 触覚の役割❶防衛本能と物体の調査

## 物に触れて危険を察知したり、自分と他人の違いを理解したりする

人には「五感」と呼ばれる視覚、聴覚、嗅覚、味覚、触覚があり、このなかで運動との関係で重視されるのが「触覚」です。

五感のなかでも触覚が重視されるのは、胎児期につくられる感覚機能のうち、触覚がもっとも早く出現するからだと言われています。さらに触覚は危険を察知する、つまり危険から身体を守るのにとても重要な機能ですから、早くに発達を遂げておく必要があります。また、子どもは自分や他者の身体に触ることで、自分と他者の違いを区別するようになります。

次に触覚の特徴をとらえながら、触覚が子どもの発達にどのような役割を果たしているかあげてみましょう。

❶ 防衛本能：危険の察知
❷ 物体調査：物の大きさや形の理解
❸ 自他認知：自己と他者の区別

この頁では❶と❷を、8～9頁では❸をとりあげて説明します。

なお触覚は、体性感覚、深部感覚などさまざまな名称で分類されていて、その関係性についても諸説があります。本章では、「触覚」で統一して解説することにします。

## 防衛本能——触ると「危ない」がわかる

触覚の役割の1つが、防衛本能としての危険の察知です。人は物に触ると、皮膚が熱さ、冷たさ、圧力、痛みを感じます。こうした感覚は、身体の表面で感じる皮膚感覚によって得られるもので、命の危険にさらされたときに逃避するか否かの判断をおこないます。もし、温度を感じることがなければ、熱い物に平気で触ってやけどを負ってしまうでしょう。これは、生存に不可欠な快・不快の判断で生じる本能的な防衛反応です。

## 物体調査——なめると「大きさや形」がわかる

触覚の2つ目の役割は、物体の調査です。子どもの発達が興味深いのは、視覚だけでなく、あらゆる皮膚感覚を使って物の情報を得ていることです。子どもは5か月頃までは物が立体的にみえていません。そこで、目ではなく口で物を「これは立体的な物だ」と認識します。例えば、口に積み木を入れて「厚みがあるな」「角ばっている」などと大きさや形を感じているのです。こうした動作を積み重ねながら、口に入れなくても物の大きさや形を理解できるようになります。

さらに、ザラザラ、ツルツル、フワフワ、こうした素材の感触も口で調べます。物に触ってなめて、大小、重量、手ざわり、形状など、実に多くの情報（データ）を脳に集めているのです。

# 触覚の主な働き

## ❶ 防衛本能

### 危険の察知

物に触れたときに皮膚は熱さ、冷たさ、圧力、痛みを感じる。これらの皮膚刺激は、自分の命が危険にさらされたときに回避する能力としてはたらく。

## ❷ 物体調査

### 物の大きさや形の理解

能動的に物を触ったりなめたりすることで、物の大きさ、重さ、手触り、形状など、たくさんの情報（データ）を脳に集めている。

## ❸ 自他認知

### 自己と他者の区別

「触る」こと、「なめる」ことで、自分の身体を発見し、他者の存在を知ろうとする。

## 触って知る、なめて学ぶ ❶

乳児期にはたくさんの物に触れて、口に入れてみる必要があります。衛生面ばかりを気にして何も口に入れさせないでいると、せっかくの「学習」のチャンスを失うことになります。衛生面に気をつけながら、子どもの手に触れさせるだけでなく、口のなかで十分に物を認識できるように適切な環境をつくっていきましょう。

# 触覚の役割②自己認知と他者認知

## 人は胎児のときから自分の身体を触っている

子どもの運動に伴う触覚機能の発達においてもっとも重要視されるのは、「自他認知：自己と他者の区別」です。

まず、自己認知とは、文字通り自分の存在を知ること。触覚を使った探索行動で、子どもは「これは自分の手だ、足だ」ということを発見します。その経験を積み重ねることで、私が私であることの認識が培われると考えられています。

今から20年ほど前、Rochatという研究者は、「胎児は指しゃぶりを通じて自身の身体を認知している」という新しい説を立てました。胎児は「口」と「指」の感触や圧力を利用して、自分の身体の一部を認識している、というのです。指しゃぶり以外にも、胎児は自分の身体を触り、その触感や圧力から、自分の身体を確かめていることが判明しています。

超音波を用いた胎児研究では、受精30週頃になると胎児は自分の頭や顔、肩を触り、さらに誕生直前には足のほうをよく触ることが観察されています。

## 生後は胎児期と同じ順序で自分の身体を触る

興味深いことに、子どもは生まれてからも胎児期と同じような順序で指しゃぶり、頭、顔、肩、そして足に手をもっていくしぐさをします。3～4か月頃は、自分の手を観察したり、手と手をあわせたりして、自己の身体に対する認識を深めます。5か月頃になると、今度は足の指を頻繁に口に運んでなめるしぐさをします。これも、口を使って自分の足を認識する作業と考えられています。

胎児期から遡って考えると、なんとも長い間、自分で自分の身体を触る運動（ダブルタッチ）を繰り返していることになります。顔や手だけでなく、膝に触り、足先をなめることで、「これは膝だな」「これは足の指か」と確かめ、胎内ではみることができなかった自分の身体を再確認しているのかもしれません。

## 他者認知は自分から人や物に触ることが大切

胎児の運動がおもしろいのは、自分の身体だけでなく、触る範囲を自分以外の子宮壁や羊水にも広げていることです。最初は、偶然、子宮壁にあたっただけかもしれません。しかし、あるとき「おっと、何だこれは?」と気づく。この状況が繰り返されるうちに、周辺の物体を確認する作業に発展したのかもしれません。

母親のおなかから出たあとも、世界のさまざまな人や物と触れ合いながら、他者認知を深めていきます。子どもの触覚において重要なのは、誰かから「触られる」ことではなく、自分から「触る」ことです。こうした探索行動は、本能的な学習形態です。むやみに制止したりせず、好奇心が向かうままに、十分に物に触れる経験をさせることが大切です。

# 自己認知と他者認知がわかるしぐさ

「自己の身体の認知」においては、胎児期と新生児期・乳児期の接触運動は、基本的に同じ順序で行われる。

## 自己の身体の認知

### 胎児期

- 指しゃぶり
- 頭、顔を触る
- 足を触る　など

### 生 後

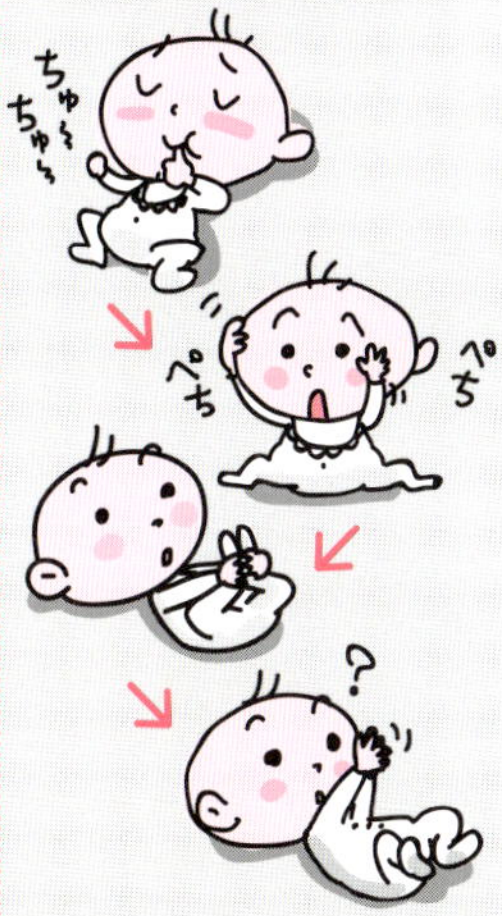


- 指しゃぶりをする
- 手で顔を触る
- 足を触る
- 手と手をあわせてじっとながめる
- 足先をなめる　など

## 他者認知

### 胎児期

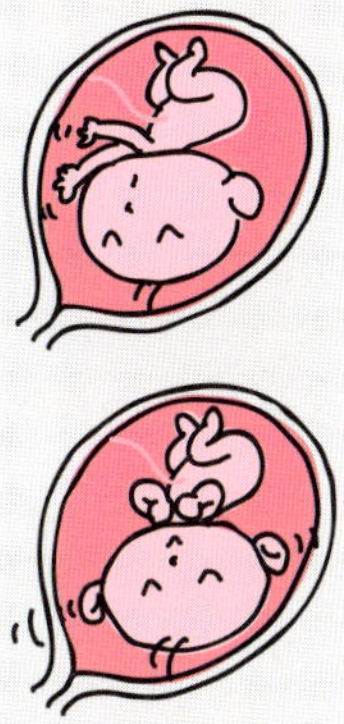

- 子宮壁や羊水を触る
- 母親の腸の動く音や外からの音を聞く　など

### 生 後

- まわりにある物などを触る、なめる
- 周囲の音を聞く
- 哺乳のときに母親のおっぱいに手の甲をあてる
- 母親とアイコンタクトをとる
- お座りで視界が広がる
- ハイハイや歩行などの移動手段を使って探索活動をはじめる　など

### 触って知る、なめて学ぶ ❷

自分で自分の身体を触るダブルタッチの代表的なしぐさが指しゃぶりです。指しゃぶりでは、触る側と触られる側の両方の感覚を同時に得ることができます。ダブルタッチの感覚は子どもにとってはまさに新感覚であり、この行為が自分の身体を認識する最初の行為と考えられています。自分で自分の身体を触らないと自分の身体は不明確なままです。だから子どもは胎児期から生後にかけて一生懸命、自分の身体を触るという行為をおこなっています。「自分で自分を触る」が重要なのです。

# 運動は胎児期からはじまっている

## 胎児は受精6～7週から動いている

胎動とは、母親がおなかのなかで感じる胎児の動きのことです。胎児は母胎にいる10か月間、ただじっとしているわけではありません。さまざまな運動をしながら過ごしています。

胎児がまだ小さいので、母親にはその動きが感じられませんが、超音波画像では、胎児は受精6～7週頃から動いていることが確認されています。母親が胎動を感じはじめるのは、早い人で受精17週頃、遅い人で受精22週頃と言われています。ポコポコ、モゾモゾ、グニュグニュ、トクントクン。母親は受精17～22週頃からいろいろな胎動を感じはじめます。

## 胎動は生後の生活に備える運動

胎動には多様な種類の運動があります。最初に出現するのは「驚愕《きょうがく》（スタートル）」です。驚愕とは、何かに驚いたように全身をビクッと震わせる運動で、生後しばらく続く無意識の運動の1つです。

驚愕運動の次に出現するのは、「しゃっくり」です。息を急に吸い込むようなこの運動には、生後の肺呼吸を支える横隔膜の鍛錬という役割があると考えられています。胸をふくらませる運動やあくびも、生後の肺呼吸への準備と考えられます。

やがて胎児は、腕や足を伸縮する、頭を動かす、首をうしろに曲げる、眼球を動かすといった多彩な動きをみせはじめます。

受精12週頃には指しゃぶりもはじまります。指しゃぶりは、発達行動学的には胎児が「指」と「口」を協調させて動かせることができるようになったという意味で、成長の証と認められています。身体の2つの部位が連動して動くことは、中《ちゅう》枢《すう》神経である脳の情報回路網が機能しはじめたことを示すものだからです。

その他、胎児は何かをすすりあげるような吸啜《きゅうてつ》運動、口に入れた物を飲み下す嚥《えん》下《げ》運動もしています。この運動能力は生後の哺乳に引き継がれます。また、羊水におしっこもしますが、これは生後の排泄に該当します。

こうしてみていくと、乳児期の運動は、胎児期にはじまり生後も継続して繰り返されるものが多いことがわかります。子どもは、母胎のなかで多彩な運動を続けながら、将来、外の世界で生きていくための準備を着実に進めているのです。

保育者は、今みている乳児の運動が生まれてから獲得されたものでなく、胎児期から継続しておこなわれてきたものであること、それが生命維持にとって不可欠なものだったり、世界とつながる重要な手がかりとなっていたりすることを知っておくと良いでしょう。

# 生後の生活に備える胎動

首をうしろに曲げる

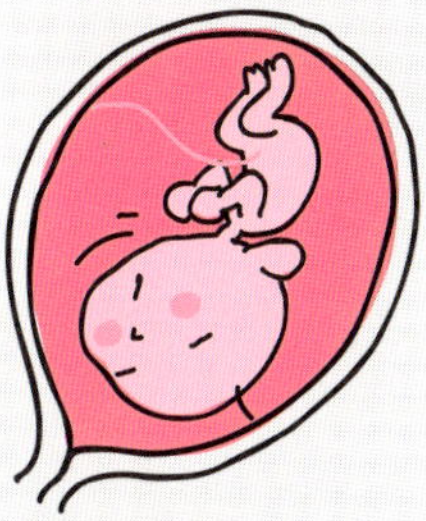

しゃっくりをする

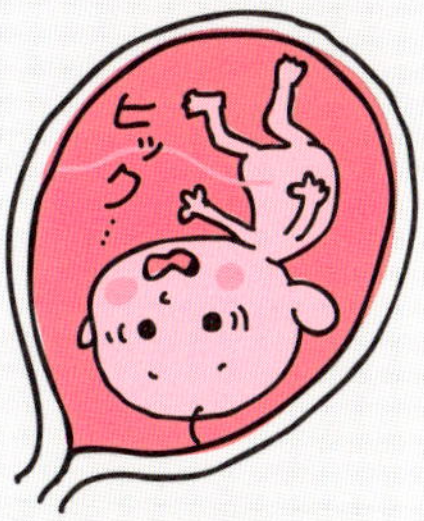


あくびをする

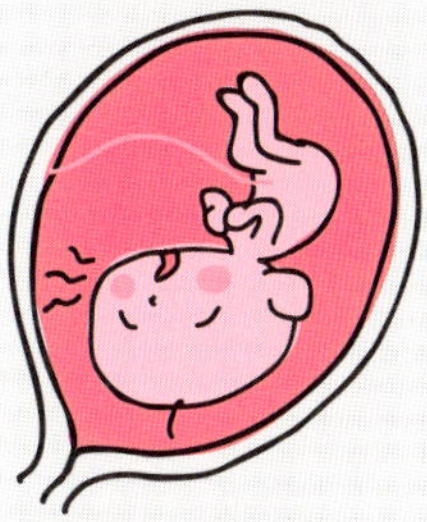

驚いたときのように
全身がビクッと動く

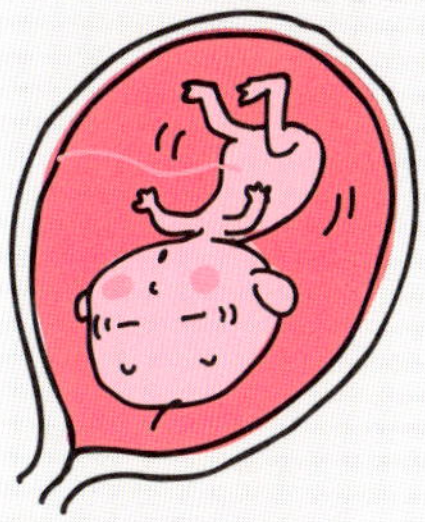

胸を膨らませたり、
しぼませたりする

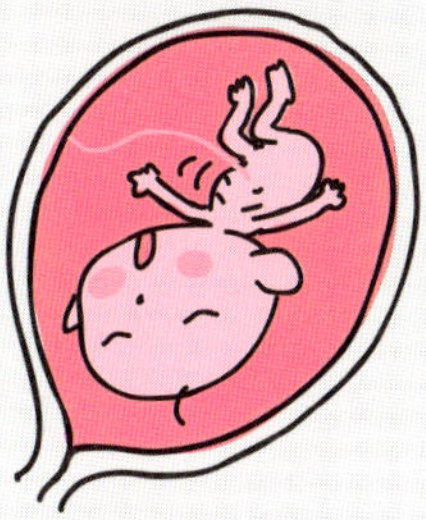

指しゃぶりをする

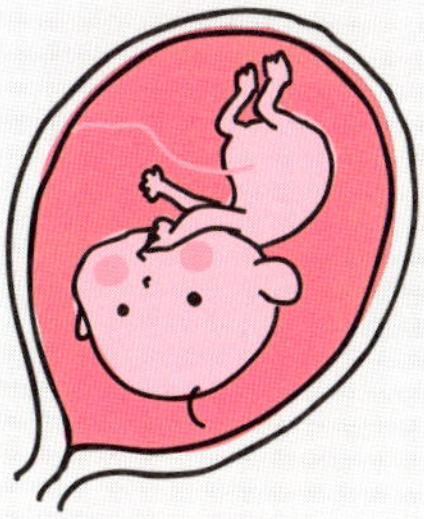

手で顔を触る

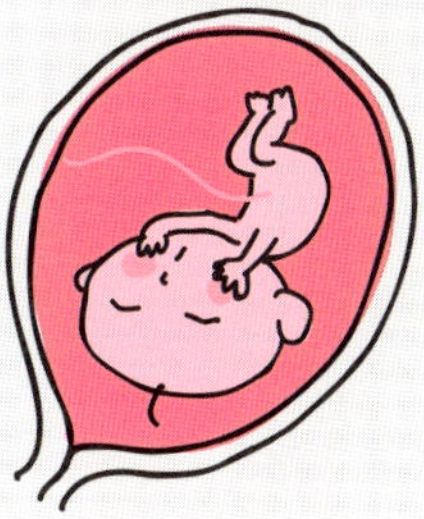

首を回す

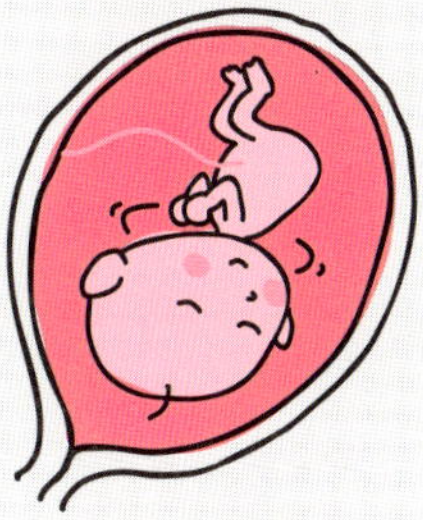

ハイハイのように
足を動かす

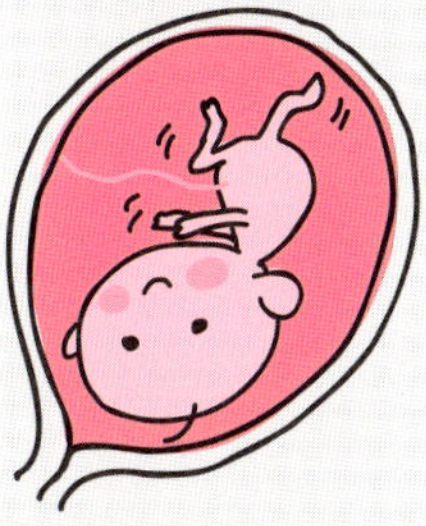

おしっこをする

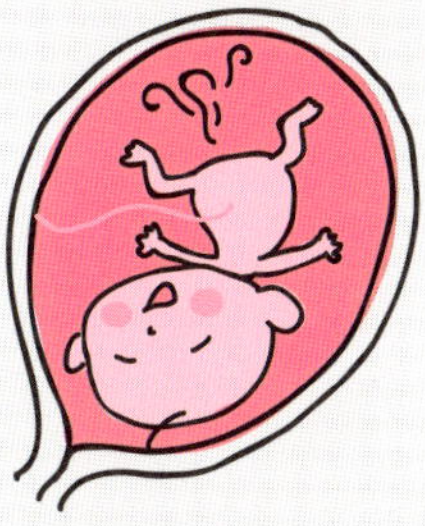

羊水を飲み込む

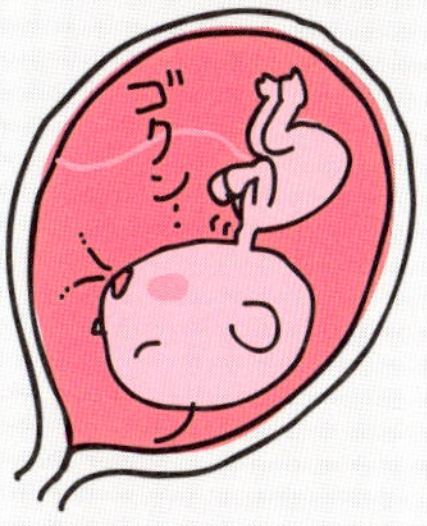


羊水を吸う

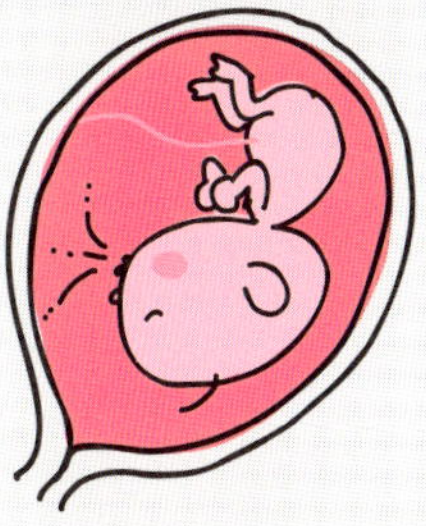

# 原始反射と自発運動

## 子どもの運動

これまで子どもの運動を大まかにながめてきましたが、胎児期から継続する子どもの運動には、大別して「反射運動」と「自発運動」があります。

### ❶ 反射運動（原始反射）

まず反射運動とは、人や動物が何らかの刺激を受けたときに、それに対しておこる運動です。「○○をすると、××がおこる」というものです。例えば、新生児の口に指を入れると指に吸いつこうとする吸啜反射は、おっぱいをくわえるのに必要な反射です。

そして、数ある反射のなかでも胎児期・新生児期に出現するものを原始反射と呼びます。これは「本当に小さい頃に限られている」という意味で使われています。

### ❷ 自発運動とは？

一方の自発運動は、外からの刺激に対してではなく、自然におこる運動です。

自発運動の1つとされ、もっとも特徴的なのが、四肢や体幹を協調して動かすGM（general movement）です。これは胎児期から5～6か月頃にかけて出現する子ども特有の運動で、四肢からはじまって全身に広がっていくのが特徴です。数10秒から数分間続き、途中で運動の大きさや速度が変化します。反射との最大の違いは、「外部からの刺激が与えられなくても自然におこる」ことです。

## 原始反射と自発運動は「タンスと引き出し」のような関係

これら性質の異なる2種類の運動について、科学者のTouwen BCは「タンスと引き出し」にたとえて説明しました。

まず、子どもの運動の基本は自発運動です。これを大きな「タンス」と考えます。そして「引き出し」にたとえられたのは原始反射です。

子どもは、自然に勝手にモゾモゾと動いている状態で、そこに特定の刺激が与えられると「引き出し」が引っ張られてあいて、それに対応した反射運動があらわれるというしくみです。引き出しごとに収納されている反射は決まっていますから、同じ刺激が与えられればいつでも同じ反射が出てきます。

この説がおもしろいのは、人々の「子どもの運動発達の見方」に変化を与えたことです。長年、研究者の間では、子どもの運動のはじまりは原始反射と考えられていて、「子どもは外から刺激を与えられて動く」と考えられてきました。しかし、自発運動が注目されてからは、「子どもは自然に動きながら外と交流する」という見方に変わりました。保育においても、自発的に動く力をもっているという前提で子どもの運動発達を見守ることが大切です。

# 自発運動と原始反射の関係

近年の運動発達の考えでは、子どもの運動の基本は自然に手足が動く自発運動とされている。それは、いろいろな物がしまわれている「タンス」のようなもの。そして、たまたま何らかの刺激を受けると「引き出し」があいて、なかにある1つの行動が反射としてあらわれると考えられている。

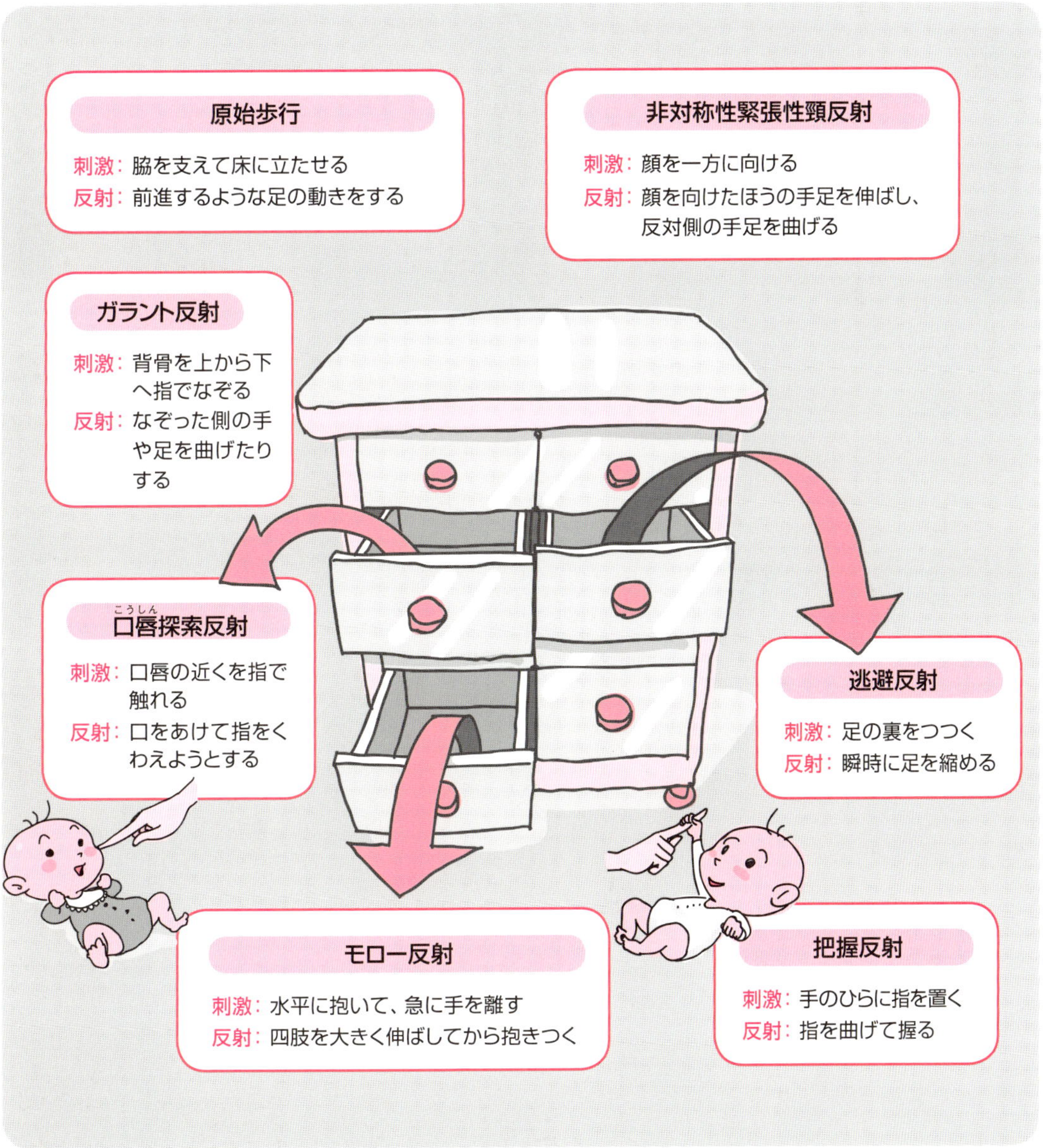
原始歩行
刺激：脇を支えて床に立たせる
反射：前進するような足の動きをする
非対称性緊張性頸反射
刺激：顔を一方に向ける
反射：顔を向けたほうの手足を伸ばし、反対側の手足を曲げる
ガラント反射
刺激：背骨を上から下へ指でなぞる
反射：なぞった側の手や足を曲げたりする
口唇《こうしん》探索反射
刺激：口唇の近くを指で触れる
反射：口をあけて指をくわえようとする
逃避反射
刺激：足の裏をつつく
反射：瞬時に足を縮める
モロー反射
刺激：水平に抱いて、急に手を離す
反射：四肢を大きく伸ばしてから抱きつく
把握反射
刺激：手のひらに指を置く
反射：指を曲げて握る

# 子どものしぐさ──原始反射を知ろう

原始反射とは、幼い子どもが、何らかの刺激を受けたときにおこす反応です。「○○をすると、××がおこる」というものです。このなかには、口唇探索反射や吸綴反射などにみられるように、保育者から援助を引き出すためととらえられるものも少なくありません。原始反射は、誰に教えられたわけでもなく、人の身体に生まれつき備わっている不思議な力です。

## 原始反射

### モロー反射

子どもを抱いて、頭を持った手を急に離すと、四肢を大きく伸ばし、そのあと抱きつくようなしぐさをする。急に大きな物音がしたときも、両手をひろげたあとに抱きつく。

### 口唇探索反射

子どもの口唇や頬を指で触れると、頭を動かしておっぱいを探すように口をあけ、その指をくわえようとする。

### 吸啜反射

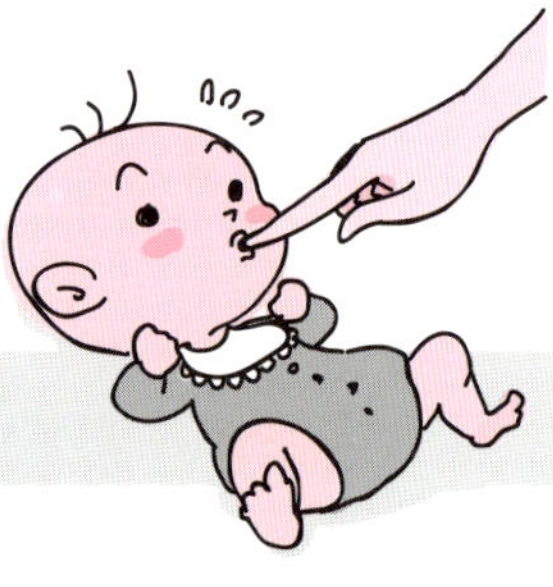

口唇探索反射を使って、くわえた指をチュウチュウと吸う。

## ハイハイ(自動ほふく)反射

うつ伏せにすると、両足を蹴って前進するようなしぐさをする。

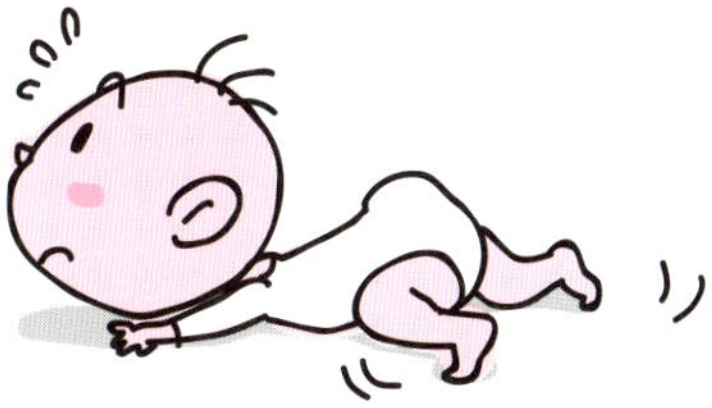

## 逃避反射

足の裏を何かでつつくと、瞬時に足を縮める。

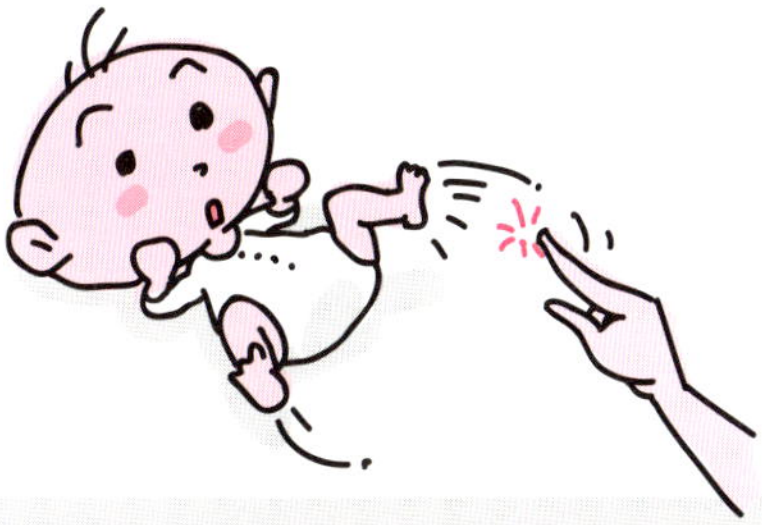

## 原始歩行

子どもの両脇を支えて立たせ、床に足をつけると、足を交互に前に出して歩くようなしぐさをする。自動歩行ともいう。

## 把握反射

手のひらや足の裏に触れると、指を曲げて物を握るようなしぐさをする。また、つかんだ物を落とさない。

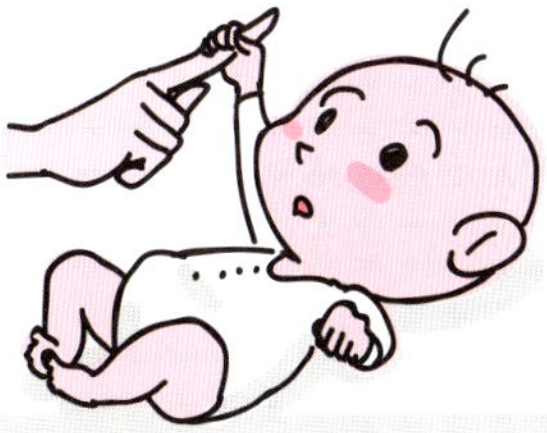

## 非対称性緊張性頸反射

顔を右に向けると、右の手足が伸びて左の手足が曲がり、顔を左に向けると、左の手足が伸びて右の手足が曲がる。

## ガラント(ギャラン)反射

左右どちらかの背骨の横を上から下へ向かって指でなぞると、なぞった側のほうの身体をねじったり、手や足を曲げたりする。

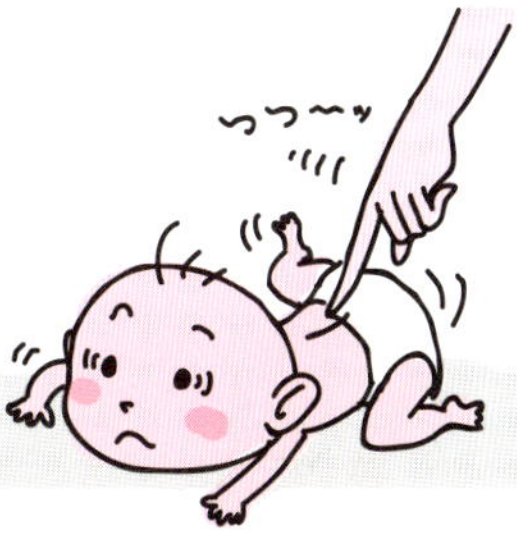

# 運動の生後2か月革命

## 消える？　残る？<br>再び出現する？<br>3つの不思議な運動

ここまで、胎児期から乳児期にみられる原始反射と自発運動について説明してきました。2つの運動は、生まれてから数か月の間に、次の3つのタイプに分かれていきます。

**❶ 生後しばらくするとほぼ消え、そのあとはまれにしか出現しない**

**❷ 胎児期から継続して一生続く**

**❸ 一度消えたあと、再びあらわれる**

原始反射と自発運動は、❶から❸のいずれかの道をたどります。

まず、❶に該当するのは「しゃっくり」や「驚愕運動」です。生後まもないうちにほとんど消失してしまい、その後は残ってもまれにしか出現しないので、学問上はあまり大きな意味をもちません。

❷の胎児期から一生続く運動は、「物を口で吸う」「呼吸をする」「目を動かす」などです。これは生命維持に必要な運動です。胎内で一度獲得すると生涯続くので、学問上はやはり重要ではありません。

乳児の研究者達がもっとも注目し、重視しているのは、❸の一度消えたあと、再びあらわれる運動です。

## 一度消えて、<br>再びあらわれる運動には<br>どんな意味が？

このタイプには、指しゃぶりや物をみて手を伸ばす運動、ハイハイ、足で蹴るといった原始反射などがあります。

❸が注目される理由は、消える前とあとでは運動の性質が大きく異なるからです。指しゃぶりやハイハイなどの反射運動は胎児期から生後まもなくにかけておこりますが、2か月目に入るといったん消えたようにみられなくなります。そして再びあらわれたときには、本人が「何かしたい」と目的や意志をもって動く随《ずい》意《い》的な運動としてあらわれるのです。

このことが発見されて、この時期には子どもの脳や身体で何か大きな変化がおこっていると考えられたことから、研究者の間では「生後2か月革命」と呼ぶようになりました。

例えば、胎児期の指しゃぶりは受精15週頃にあらわれて、生まれるまでおなかのなかで続きます。エコーなどでみられる胎児の指しゃぶりは、自然におこる無意識的なしぐさです。

一方、新生児期にほぼ消えてなくなって、2か月頃になると再び出てくる指しゃぶりは、本人の意識による随意運動となって出てきます。胎児期の指しゃぶりは、実は脳の指令とは関係なく勝手におこるものですが、乳児期に再び出現したときには、脳機能の発達と関係した少し人間らしい運動になると考えられています。

それではなぜ、2か月を境に運動の性質が変わっていくのか、18〜19頁で詳しく述べることにします。

# 生後2か月革命の不思議

## 一度消えて、再びあらわれる運動

胎児期から新生児期（消える前）の運動は、無意識か反射運動としておこる。それが2か月頃に一度消えて、再びあらわれると、意識的な運動になる。同じ運動でも、時期によって性質が異なる。一度消えて、再びあらわれる様子がUの字を描くことから、生後2か月革命は「U字現象」と呼ばれている。

**運動の種類**

- 自発運動
- 指しゃぶり
- 物をみて手を伸ばす運動（リーチング）
- ハイハイ
- 舌出し模倣
- 足で蹴る　など

### 運動発達の生後２か月革命

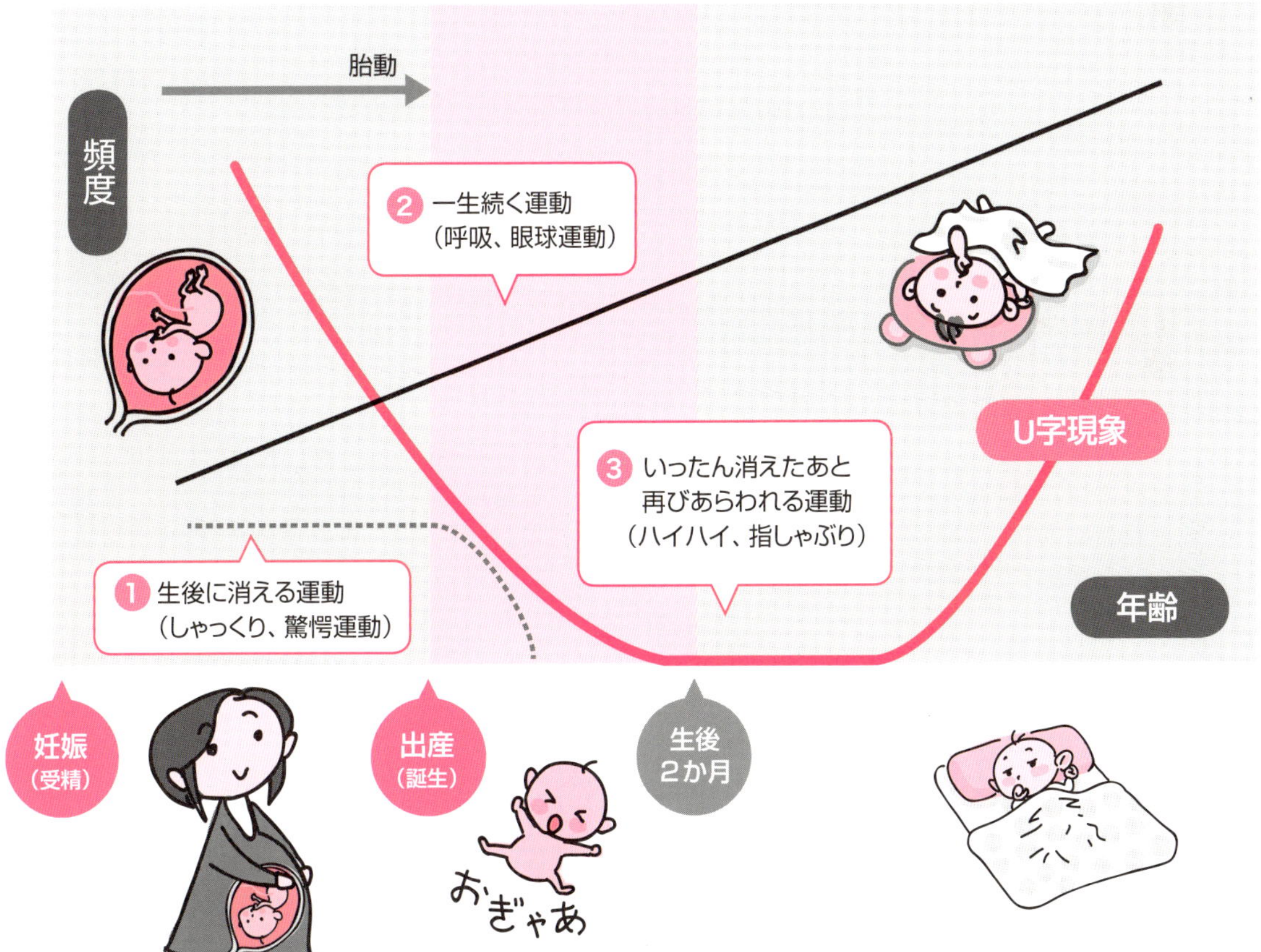

# 生後2か月革命と脳の発達

## 子どもの手足の動きは2か月頃に一度単調になる

16頁では、❸のタイプとして子どもの運動が生後2か月頃を境に大きく変化することを説明しました。ここでは、実験の結果を紹介し、その背景を解説します。

左頁の図1は、満期出産した健常児の、1〜4か月の自発運動中の手足の関節の動きを、特殊な装置を使って記録したものです。運動が大きければ子どもが手足を動かした軌跡は広範囲にわたり、運動が小さければ軌跡も小さくまとまります。

子どもの運動の軌跡は一見複雑にみえますが、ある時期に運動の規模が小さくなっているのがわかります。描かれた線の範囲がまとまっていて、大きく変化せずに、同じところで動いているようにもみえます。特に印象的なのは、2か月の自発運動です。

ちなみにここで調べたのは、自発運動のなかでも全身を使ったGMです（12頁参照）。ほかの月と比べて、この月だけGMの軌跡がきれいな円を描いています。この時期の特徴は「単純な運動の繰り返し」にあります。ところが、その後、GMは再び活発に、広範囲におこなわれるようになります。

加えて、この観察のあと、子どもがGMをしている間に、驚愕、身震い、頭の回転、腕や足の運動、手を口に入れる、手と手をあわせるなど、計13種類の運動の様子も調べました。

その結果は、GMのときとほとんど同じでした。多様な運動パターンであったものが、2か月頃になると同じようなパターンの繰り返しになり、その時期を過ぎると、再び活発に運動をするようになりました。つまり、子どもの運動は、生後2か月前後にかけて大きく変化することがわかったのです。

## 脳が筋肉の動きをコントロールする

自然な動きができる背景には、脳と筋肉の関係があります。図2は、球は情報を送る運動神経細胞を、楕円は情報を受ける筋細胞をあらわしています。左端の幼若期では、情報を送る側の運動神経細胞から、情報を受け取る側の筋細胞に向かっていくつもの線（回路）が走っています。つまり、運動を調節する情報が、1つの神経細胞からたくさんの回路を通じて筋細胞に送られている状態です。このとき筋細胞は、ほうぼうの運動神経細胞から情報が届いているために混乱して、ぎこちない動きになります。それが、成長とともに脳の神経回路網が整備されて、余分な回路が除去されると、繊細でなめらかな運動が可能になります。

それが、2か月頃に一度小さくまとまった運動の軌跡が、それ以降に再び大きな軌跡を描く理由です。この時期、子どもの脳の内部では、「生後2か月革命」と言われる劇的な変化がおこっているのです。

# 脳機能の発達が運動の質を変える

## 図1 子どもの運動は1〜4か月の間に大きく変化する

**生後2か月革命**

子どものGMを月齢ごとに記録した観察研究では、2か月に子どものGMの軌跡は小さくまとまっていることがわかる。

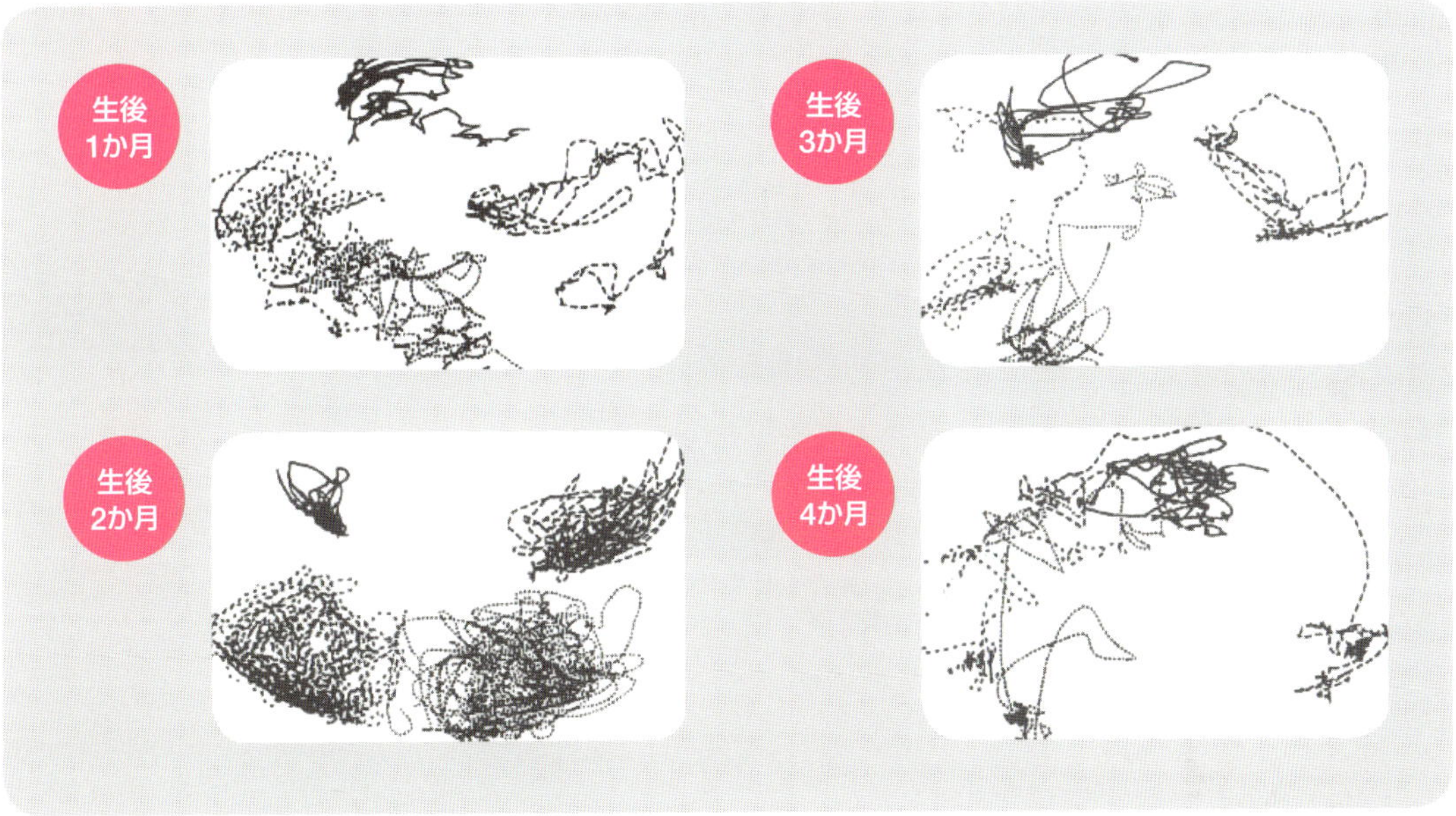


出典：小西行郎『赤ちゃんと脳科学』集英社新書、103頁、2003年

## 図2 筋細胞は脳の神経回路網の発達でなめらかに動けるようになる

### 脳機能が整うと筋肉の運動が洗練される

脳機能の発達によって筋肉の動きがコントロールされると、なめらかでダイナミックな動きができるようになる。

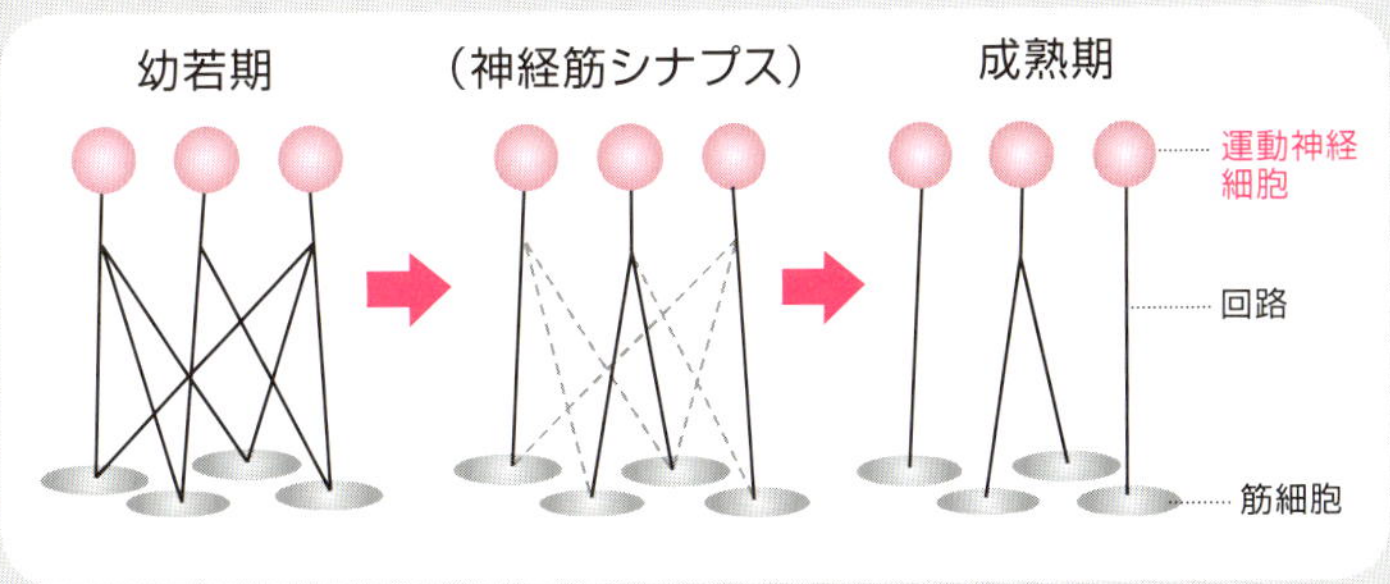


出典：小西行郎「胎児・乳児の運動能力」小島祥三他監、正高信男編『赤ちゃんの認識世界』ミネルヴァ書房、22頁、1999年より一部改変

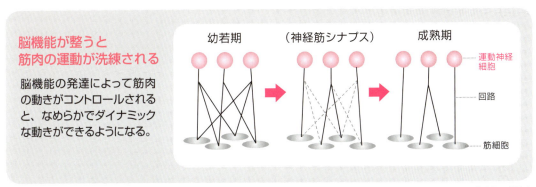

第2節 保育実践

# 「手の動き」で子どもと一緒に遊ぼう

身体のなかでも、もっとも複雑な動きをするのが手指です。絵や字を書いたり、折り紙を折ったり、手遊びをしたり。この複雑で自在な動きをコントロールしているのが、脳のなかの大脳運動野です。子どもは大脳運動野の発達とともに、「握る」「つかむ」といった基本的な動作から、親指と人指し指を上手に使って「つまむ」などの高度で複雑な動きを獲得します。何気ないようにみえる手の動きですが、ていねいに観察すると、1つの動作が次の動作につながっているのがわかります。

## 手の動き

### ❶ 0〜1か月頃

普段は親指を内側にして、手を軽く握っていることが多い。子どもが手を開いたときに指を入れてみよう。ぎゅっと握りしめる把握反射が出現する。

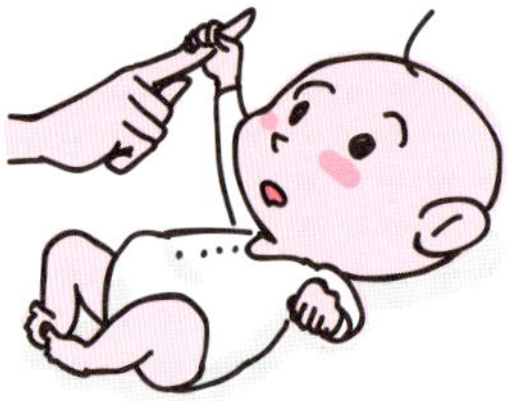

### ❷ 2か月頃

手を握るときに親指が離れる。また、指しゃぶりもはじまる。自分の手を使って自分の手（身体の一部）を確かめるように、指しゃぶりや手と手をあわせる動作をする。

### ❸ 3〜4か月頃

顔の向いたほうにある物に手を伸ばすようになる。視力もはっきりして、目と手の協調運動もできはじめるため、意識的に身体を動かすようになる。おもちゃのガラガラを持たせてみよう。少しの間なら握れるようになる。

## ④ 5～6か月頃

手のひら全体を使って物が握れるようになる。

## ⑤ 7～8か月

親指とほかの指を向かい合わせにして物がつかめる時期。ちょうど指さしができはじめる。

## ⑥ 9か月頃

指をしっかりと立てて指さしができる。手全体で方向を示す手さしから、立てた指を対象物に近づける指さしに変化する。

## ⑦ 10～14か月

手全体で物をつかむ「わしづかみ」から、親指と人指し指を使って物をつかむ「はさみ握り」へ。これで「物をつかむ」運動はほぼ完成する。

## ⑧ 12～14か月

はさみ握りができると、親指と人指し指を使って、豆など小さな物をつまめる。床に落ちている物を指で拾って口に入れようとする。保育者にとっては困った行動でも、子どもは自分で物をつまめる喜びを味わっている。

# 代表的な「泣き」を知る

子どもの泣きは、言葉が話せるようになる前の子どもにとって大切な自己表現の1つです。0〜2か月くらいまでは特別な意味がなくても泣くことが多いので、悩まれるお母さんも多いようです。しかし、子どもの泣きは、2か月前後をピークにやがて減少していきます。子どもが泣いているときは声の出し方や顔色を観察しながら、「どうしたの?」「○○かな?」などとやさしく声をかけて安心感を与えることも大切です。

## 代表的な「泣き」

### おむつがぬれたよ

おむつが汚れた不快感から泣く。かたいうんちを出すときに、痛くて泣くこともある。そんなときはやさしくおなかをさすってあげよう。

### おなかがすいた!

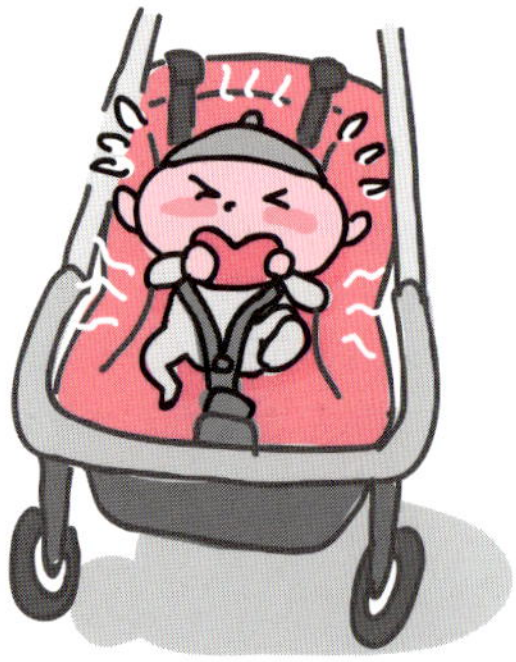

「泣き」のなかでも、一番大切なメッセージ。はじめは弱い声で「フギャー、フギャー」と泣くが、放っておくとだんだん強くなる。やさしく言葉かけをしながら授乳しよう。

### 衣服がチクチクする!

衣服のひもやしわに反応して不快を示すことがある。また、小さな虫や葉が衣服に入り込むこともある。原因を取り除いてあげよう。

### 眠れないよ

眠りたいのに眠れない状態。入眠前は手が温かくなってくる。心地良い眠りを誘う工夫をしよう（第1巻第1章「睡眠」参照）。

### 夜泣き

6か月頃、早い子どもで4か月頃からはじまる。昼夜のリズムがつきはじめた頃にはじまる夜泣きは、睡眠のリズムを安定させるためにも適切な対処が大切（第1巻第1章「睡眠」参照）。

### その他

甘えたい、かまって欲しい、寂しい、具合が悪い、ほかに正体不明の泣きもある。しばらくしておさまるようなら心配はいらない。

### 暑い・のどが渇いたよ

子どもは暑いのが大嫌い。肌着（とくに背中）に手をあてて、汗をかいているようなら暑さが原因。またはのどが渇いているのかも。

### たそがれ泣き（コリック）

生後2週～3か月頃の子どもで、夕方にみられる不機嫌な持続泣き。原因としては腸内にガスがたまって不快に感じている、体内時計（睡眠リズム）の確立の過程でおこる生理現象など、諸説がある。

## 泣きの種類は変化する

0～2か月頃は空腹、寒暖などの生理的な不快感を訴える泣き、原因不明の泣きが多くみられます。3～6か月頃になると、甘え泣き（自己表現）やミルクを欲しがる欲求の泣きが出てきます。それ以降も、後追い泣き、癇癪《かんしゃく》、怒り、不安感の泣きなど、表現豊かな泣きがあらわれます。

# ハイハイ

ハイハイは、移動手段であると同時に、子どもの感情表現の1つです。歩きはじめの頃、子どもは歩行とハイハイの両方を使って目的地まで移動しますが、子どもはどのようなときにハイハイをしているのでしょうか。子どもの表情を注意深く観察してみましょう。「あれが欲しい！　いますぐあそこに行かなくちゃ！」と、いきいきした表情で手足を動かしているのではないでしょうか。

## ずり這いとハイハイの違い

**ずり這い期**

自分のまわりを探索している。そのため、保育者が呼んでも来ない。

**ハイハイ**

移動かつコミュニケーションの手段。目的地に向かっていち早く到達し、物や人とコミュニケートできる。

### なぜハイハイができるの？

四肢の筋肉の発達とともに、視聴覚や認知機能の向上によって、「頭を持ち上げて手足を動かし、別の場所に移動したい」という意欲がおこる。

### さまざまなパターンを体験させてみよう

山あり谷あり、いろいろな障害物を用意して、赤ちゃんに考えさせるのも大切。

### 子どもの真似をしてみよう

子どもと一緒にハイハイをしてみよう。目的地に行くことを忘れて、ハイハイそのものを楽しむかもしれない。

### 保育者がじっとしてみる

目線だけをあわせて動かない、子どもがうれしそうにこちらをみたときだけ子どものほうに駆け寄るなど、ハイハイそのものが遊びになる工夫をしよう。

## 子どもとハイハイ

### 移動の目的によって手段を選択する

**ハイハイ**

他人の意図に関係なく、目的地まで先を急ぎたいとき。

**つたい歩き**

目的地までの障害物をどう乗り越えるか冒険したいとき。

**歩行**

目的地までゆっくりと、バランス感覚を楽しんでいるとき。または上手に歩けることを大人にほめてもらいたいとき。

### ハイハイによる新たな感情の芽生え

「取りたい物を自分で取る」「取りたい物を他人に取られる」などを経験することで、嫉妬や駆け引きという、新たな感情が生まれる。

## ハイハイで子どもと遊ぼう!

### どうする?これ以上は進めないよ

通る道をふさいで「通せんぼ」をし、これ以上進めない状況をつくってみよう。どんな表情で、どんな行動をとるだろう?

### 手が届きそうな場所に物を置いてみる

手の届くところに興味を示す物を置いて子どもに取らせてみよう。物が取れたら、言葉、抱っこ、高い高い、頬ずりするなど喜びや共感を示し、達成感を味わわせよう。

### ドアに隠れて見守る

ドアの陰に隠れて、ハイハイを見守ろう。ドアの陰から顔を出す速さを変える、名前を呼ぶ、動物やお化けのふりをして声をかけるなど、バリエーションを増やして遊ぼう。

# 歩行までの過程

## 歩行までの過程

### 0～2か月頃

生後まもない子どもの両脇を支えて、足の裏を床につけてみよう。両足を前後に動かして、歩くようなしぐさ（原始歩行）をみせることがある。

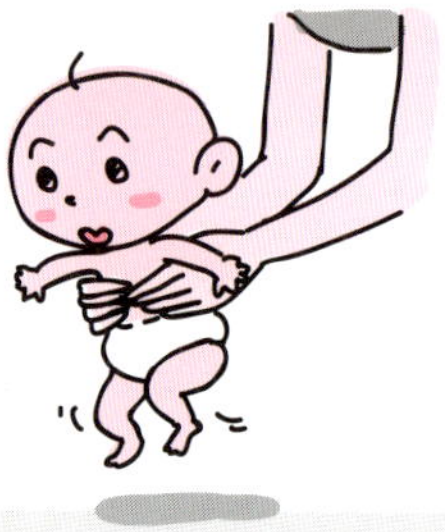

### 3～4か月頃

うつぶせ寝の姿勢でも、腕や顔をあげられるようになる。子どもの脳のなかで、運動を円滑におこなう機能が整い、手足を力強く動かすようになる。背骨も強く、しっかりしてくる。

### 5～7か月頃

6か月頃を目安に寝返りをはじめる。保育者や椅子の支えがあればお座りも可能になる。お座りの姿勢をすることで目の位置が高くなり、子どもの視界は広がる。目でみる世界が大きく開けてくる。

人にとって直立二足歩行は、胎児期にその原型を遡ることができる生得的な能力です。保育者が歩き方の指導をしなくても、また「早く、早く」と急《せ》かさなくても、子どもは自らが「歩きたい」と思ったそのときに、最初の1歩を踏み出します。

上記では、誕生から歩行成立までのプロセスを平均的な達成月齢でまとめています。発達の状態をみる際の参考になるでしょう。

ただし、ここでは、例えばひとり座りなら9～10か月頃に完成する子が多いですよ、というあくまで標準的な数字を示しているにすぎません。お座りが9～10か月頃に完成する、ということは、誕生直後からその兆しとなる姿勢の保持があって、それが9～10か月後に支えを必要としないお座りとして成立する、ということを意味します。

さらにつけ加えると、最新の運動発達に関する研究では、「お座り」「ハイハイ」

## 8～10か月頃

ハイハイができるようになると、心を動かされる物をみつけてはいろいろな場所に這って出かけていき、なめたり触ったりして遊ぶ。それによって、環境とのかかわり方が質的にも量的にも深まり、子どもの世界は一気に広がっていく。

## 11～12か月頃

つかまり立ちから、つたい歩きへ。子どもは、つたい歩きをしながら足を交互に出す経験を積んでいく。ここまでくれば、ひとり歩きまであと1歩。早い子では、歩きはじめる子どももいる。歩きはじめの時期には個人差があるので、大して気にする必要はない。

## 13～14か月頃

足が体重を支えるのに十分な強さをもち、保育者の支えがなくても1人で立つことができはじめる。最初の1歩は突然やってくる。子どもの足は、最初は土踏まずがない偏平足だが、たくさん歩いているうちに筋肉や靭帯がしっかりしてきて、土踏まずができてくる。

## 15か月頃

歩きはじめの時期にはかなり個人差があるが、1歳3～4か月頃には90%以上の子どもができるようになる。歩く頃と一致して、言葉をしゃべるようにもなる。言葉を話せるようになると、イヤイヤが多かった子どもは急に落ち着くとも言われている。

「歩行」は一連の流れで発達するというよりも、それぞれ独立したルートで発達する、という仮説もあります。

いずれにしても、子どもの運動発達の評価は「動作の完成」のみに限定されるものではなさそうです。

むしろ、「上体や頭部を起こす」「姿勢の保持」「運動の制御」「方向転換」「対象物までの距離や高さの視覚的理解」「意欲の持続」など、多彩な機能の集積で成り立つ諸運動が、月齢とともに洗練され、最終形として生活に必要な動作に至ると考えたほうが良さそうです。それも、座位からハイハイへ、ハイハイからたっちへ、あるいは再び座位へというように、複雑な運動や姿勢の変換が流暢《りゅうちょう》におこなわれることが重要です。

そして、こうした乳児の動作の獲得は「考えて学ぶ」のではなく「動いて学ぶ」ことに最大の特徴があります。ですから、保育者が教えるのではなく、自由に動いて、遊んで学べる保育のしかたと環境を工夫することが大切です。

# 胎児の表情

## 胎児はおなかのなかで微笑んでいる

人はほかの生物よりも、とりわけ他者の「顔」に注意を向ける動物として知られています。人の表情はいつ出現し、その意味を理解しはじめるのはいつ頃からか？　表情の理解は、子どもの運動研究のなかでも注目度の高いテーマの1つです。

近年、超音波画像を用いた胎児研究の進展で、胎児の表情の出現に関する詳細がわかりはじめています。

一般的に、表情とは「感情や情緒を外見や身ぶりであらわす行為」と定義されます。しかし、そもそも胎児に感情などあるのでしょうか。胎児の表情と考えられているものは、正確には顔の筋肉の動きで、運動の一種ととらえるのが適切です。

子どもは胎児期から表情をつくる準備をはじめているのですが、その理由を2つの仮説をもとに考えます。

### ❶ 愛情を引き出すための表情づくり

胎児の顔の動きの代表格は「微笑」です。胎児期に観察される、まるで笑っているようにみえる筋肉の動きは「生理的微笑」、新生児期には「新生児微笑」と呼ばれます。他者を意識しているわけでもないのに、なぜ胎児は微笑むようなしぐさをするのか。この問いに対する最有力説が、オーストリアの著名な動物行動学者Lorenz KZ が唱えた養育との関係です。

彼は胎児の顔の動きについて、「生後、母親から世話をしてもらうために、愛情を呼び起こす手段として、表情を準備している」と考えました。これは今日ではかなり定着した仮説となっています。

### ❷ 模倣の準備としての表情づくり

もう1つは「模倣」との関係です。

人のような大型霊長類は、生後すぐに他の個体の顔（目）を検出し、持続的にみつめることがわかっています。

胎児は、微笑以外にもしかめっ面、泣き顔、酸っぱい物を食べたときのような口をすぼめる顔など、多彩な運動をします。こうした顔の動きは、生後の表情の学習に必要なものと考えられています。

例えば、新生児に母親が舌を出した顔をみせると、新生児はその顔の意味を理解していなくても、表情をまねることがあります。それは、相手の顔をみてそれと同じ表情をすることで、表情と感情の組み合わせを学習するためです。

乳児期に入ると、他者との豊かなかかわりのなかで、相手の顔の動きのパターンから、その人の気持ちや考えを推察するようになります。いずれにしても、胎児の顔の動きは、社会的動物と呼ばれる人に備わる優れた生存戦略といえるでしょう。

## 胎児のさまざまな表情

無表情

泣く

しかめっ面

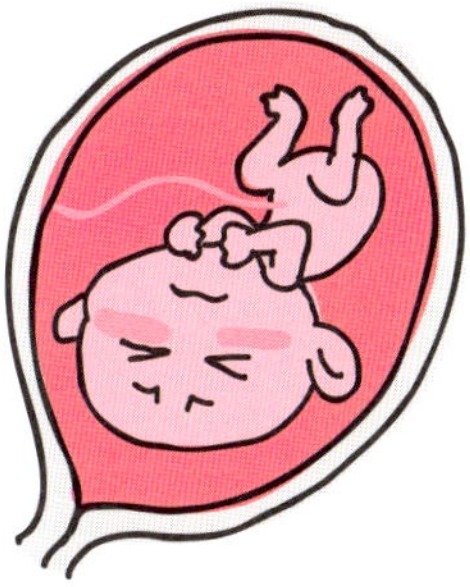

微笑む
（生理的微笑）

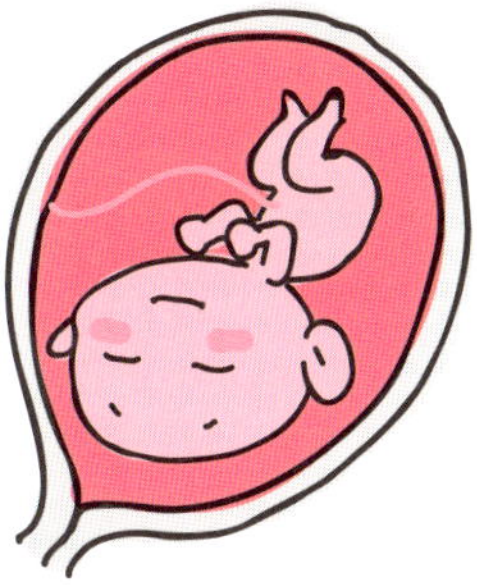

苦味を
感じたような顔

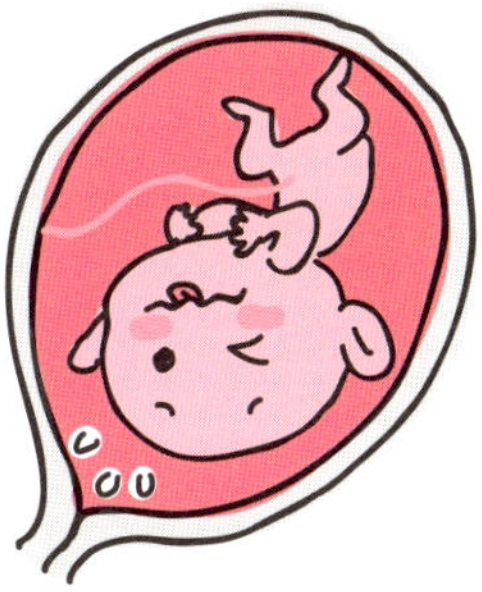

酸味を
感じたような顔

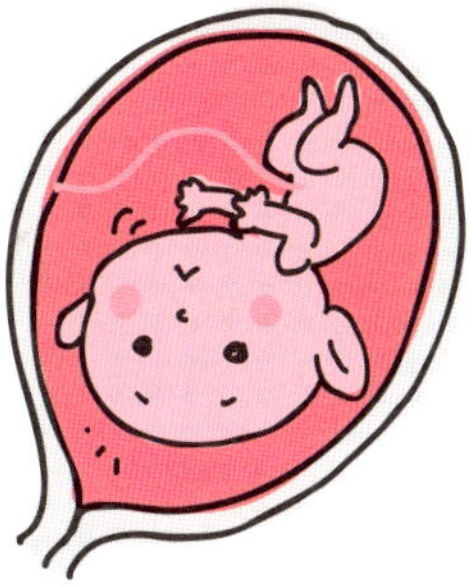

### コミュニケーションをリードするのは子ども

タイミングがあえば、新生児も目の前にいる人の表情をまねることができます。こうした模倣は、誕生直後から可能です。ただし、新生児の模倣は意識的なものではなく、相手の表情につられて生じる反射運動と考えられています。そうだとしても、自分の顔のパーツを認識できないときから相手の舌と自分の舌、相手の口と自分の口を対応させる力をもっているのは不思議です。そして意外にも、顔まねをリードするのは大人ではなく、子どものほうなのです。

# 胎児の脳と五感の発達

## 受精8週頃に胚から胎児になる

胎児は、遺伝子に組み込まれたプログラムにしたがって、脳や身体の各器官を猛スピードで成長させていきます。

生命のもとである受精卵は、1つの細胞でできていますが、受精して数日内に子宮内を移動しながら2分割、4分割、8分割……と細胞分裂を繰り返して成長します。受精卵は分割しながら卵管を通って桑実胚《そうじつはい》となって子宮に到着すると、胚盤胞《はいばんほう》と呼ばれる状態へと発育します。その後、胚盤胞は子宮内膜に入り込んで着床し、栄養となる血液を受け取るための準備をはじめます。

心臓ができて拍動がおこると、血液が循環するようになります。

受精7～8週頃には目鼻や四肢が整い、人間のような形になります。この頃から、「胚」とは呼ばずに「胎児」と呼ぶようになります。

## 脳は分裂を繰り返して大きくなる

脳の発達は意外に早くはじまります。受精4～5週頃までに「神経板」と呼ばれる脳のもとがあらわれ、のちの脳や脊髄になる「神経管」に成長します。受精11週頃には神経管がくびれてきて、大脳、小脳などに分割されます。

さらに、受精6か月頃には、大脳が前頭葉、頭頂葉などに分かれて大人の脳に近づきます。

脳の内部では、神経細胞（ニューロン）が分裂を繰り返して、急激にその数を増やします。そして、脳が脳としてはたらくために、情報をやりとりする神経細胞同士が結びついて、ネットワークをつくります。脳の形は受精36週頃にほぼ完成しますが、脳の神経細胞の連携によるネットワークづくりは、五感を活用した経験をとおして生後も継続していきます。

## 五感は一番はじめに触覚があらわれる

脳と同様に、五感の発達も胎児期にはじまります。最初に出現するのは触覚です。受精7週頃に、皮膚感覚が口のまわりに生じます。受精12週頃には、手の触覚刺激に対する感覚受容器ができ、胎児は指しゃぶりをはじめます。さらに、胎内の心地良い皮膚刺激が胎児の脳を刺激して、胎児の身体を急速に育てていきます。

言葉の獲得に必要な聴覚では、はじめに受精6週頃に耳らしい穴がつくられて、そのあと耳の穴を通じて入ってきた音の刺激を音として伝える聴神経が脳とつながります。受精7か月頃には聴覚機能が完成すると言われています。

胎内では使わない視覚などは、五感のなかでもゆっくりと発達し、34～35週頃に視力が備わると考えられています。

# 胎児期の脳と五感の発達

## 脳

### 胎芽期　受精0～7週頃

胎芽と呼ばれる卵の状態。しかし、すでに脳のもとができていて、神経細胞も増殖している。

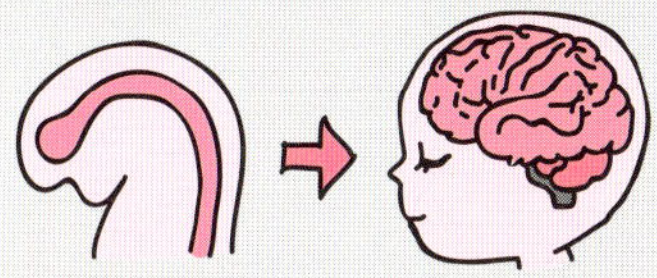

受精25日　→　32～36週

### 13週頃～

神経管のくびれが大脳、小脳などに分かれる。学習に必要な記憶装置「海馬」ができはじめる。

### 17週頃～

思考、感覚、運動の中枢となる大脳が大きく成長する。

### 22週頃～

大脳の神経ネットワークができる。五感を感じ取る基本的なしくみができあがる。

### 27週頃～

大脳が前頭葉、側頭葉、後頭葉などに分かれ、脳のシワや重量が増える。

### 32週頃～

快・不快、味覚などの五感が明確になる。

### 36週頃～

脳の形はほぼ完成する。神経細胞同士が複雑に結びつく脳のネットワークづくりは生後も続く。

1～8週
9～16週
17～24週
25～32週
33～40週

## 五感

### 12週頃～　触覚

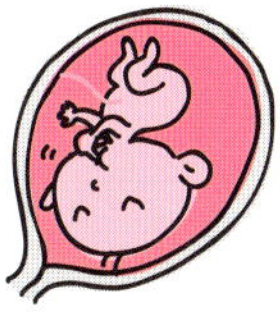

触覚は7週頃に出現するとされ、この頃になると指しゃぶりもあらわれる。運動による皮膚感覚の刺激が脳の発達をうながす。

### 20週頃～　視覚

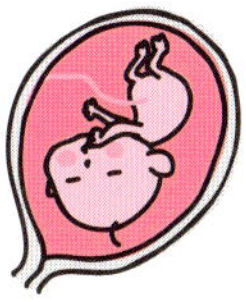

4週頃から視覚に関係する器官が発達する。18週頃から閉じたまぶたの下で眼球が上下に動き、この頃になると外の明暗も感じるようになる。

### 24週頃～　聴覚

受精6週頃につくられた耳らしい穴から受けた音の刺激を伝える聴神経が脳とつながり、音が聴こえるようになる。

### 28週頃～　嗅覚

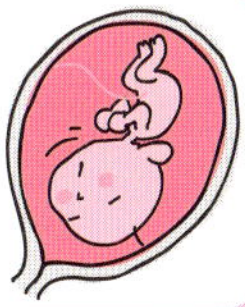

匂いを感じる準備はかなり早くからはじまる。この頃では、胎児は羊水の匂いを感じ取っている。

### 35週頃～　味覚

30週頃から舌で味を感じる部分が発達する。この頃になると胎児は甘味や苦味の区別ができる。

## 安全面からみた保育環境

子どもの運動や知覚、情緒の発達に欠かせないのが探索行動です。子どもはさまざまな探索行動を経験して生活空間を広げ、安全についても学んでいきます。事故やけがをさせたくないからといって、危険物をすべて取り除くのではなにも経験させないのと同じです。ただし、保育者がうっかりしていて、あるいは危険に気づいておきながら対策を先送りにして、大きな事故やけがに発展する事態は避けたいものです。ここでは発達状況ごとに想定される子どもの危険について確認しましょう。

### ねんねの時期

ねんねの時期の事故やけがの多くは、保育者の不注意によるものである。子どもを抱っこしたままほかのことに気を取られたり、すやすやと眠っているからと安心して安全対策を怠ったりと、思わぬところに危険は潜んでいる。特に気をつけたいのが、睡眠時に口や鼻がふさがれておこる窒息事故。睡眠中の事故を防ぐには、うつぶせ寝にしない、枕元に人形やタオルを放置しないといった配慮が有効である。保育中は、常に「もしも」を想定して危険な物や行為を認識し、必要な対策をとろう。

抱っこしたまま
ほかのことをしない
やけど
接触
ミルクの温度
柵は子どもの頭が
通り抜けない幅
窒息
事故
うつぶせ寝を避け、
枕元にタオルや
人形は置かない

## お座りの時期

お座りの時期以降に、もっとも多い事故やけがは「転倒」と「誤飲」である。お座りができはじめた頃の子どもは、バランスをうまくとれず、座ったままでも転倒することがある。また、首のすわりも十分でないので、頭を思いきり打つこともある。お座りがしっかりしてくると、今度は少し離れたところにある、心ひかれた物にずり這いやゴロゴロとした寝返りで向かおうとするので、机や棚の角で顔や頭を打つこともある。誤飲は、興味をもった物を何でも口に入れて確かめようとするこの時期からはじまり、月齢を重ねるごとに増えていく。危険な物はテーブルの上などに無造作に置かないように十分注意しよう。

転倒
お座りの
状態から
転倒する
ゴテッ

移動中に
バランスを崩して
机や棚の角で
顔や頭をぶつける

熱い飲み物や
薬、お金など
危険な物は
近くに置かない
あむあむ
誤飲の
発生

テラスなどからの
転落や扉のすり抜け
転落
すり抜け
扉などに挟まれる
誤飲の
発生

## ハイハイの時期

ハイハイは子どもが早く目的地に到達できる恰好の移動手段。ハイハイが上達するこの時期は、ちょうど身の回りの物に興味をもつ時期と重なる。ちょっと目を離したすきにとんでもない場所にいた、というヒヤリ・ハットも増える。テラスなど段差のある場所での転落に加え、移動手段の獲得によってこれまで以上に誤飲の危険度が増す。定期的に室内を点検しよう。

## たっちの時期

お座り、ハイハイの時期に引き続き、たっちの時期も誤飲や転倒に気をつけよう。例えば、たっちをはじめた子どもは保育室の什器にかけてあるクロス（布）などに興味をもち、それを引っ張ろうとする。上に物が置いてあると、子どもの頭に落ちてくることもある。子どもに触ってほしくない物、危険な物は、少なくとも80cm～1m以上は高い場所、扉のある棚にしまい、保管しよう。逆に低い位置にある物で注意が必要なのが「水」である。深さがわずか10cmの水でも子どもは溺れてしまう。また、たっちの時期はとにかくよく転び、友達同士の接触もおこりやすくなる。

子ども同士の衝突
遊びの危険性を事前に検証

クロスのかかった机や棚の上の
熱い碗や茶、ガラス製の置き物

洗濯用の桶などに
水を溜めない

画用紙や新聞紙など、
紙の上は滑りやすい

画びょうは
極力使用しない

## あんよの時期

歩行がはじまった当初は、歩くことだけに集中している子どもも、歩行に自信がつくと、周囲を見渡して物に強い関心を向けはじめる。足の力が強くなると、いろいろな段差をみつけては踏み台にして登ったり、上にある物を取ろうとする。そこで心配なのは、園内では靴棚やおもちゃ棚の上にある物を取ろうとして転倒したり落下すること、園外では大型遊具などからの落下である。子どもの「遊びたい」気持ちを大切にしながら、そっと見守ることが大切となる。散歩のときにも、子どもの身長を考慮して側溝、電信柱、自転車などに注意を払い、靴は簡単に脱げない物を選んで履かせよう。また、年長児と同じ園庭で遊ぶときは、下記の遊びに注意を払うようにしよう。

### 園内

棚に登れる不安定な
踏み台

家具などの角に
クッション材を
使用する

### 園外

小石や虫を
口、鼻、耳に入れる

年長児の
遊びによる接触

ボール、ブランコ、鬼ごっこ、
鉄棒、スケーター、虫取り網

道路脇に置いてある自転車
にぶつかりそうになった

大型遊具
からの
落下

側溝に落ちた

# 運動の発達——まとめ

## 胎児期

胎児期の運動には、生後の生活に必要な動作が多い。肺呼吸に必要なしゃっくり、胸の拡張、あくびのほか、哺乳に必要な吸啜運動、飲み下す嚥下運動などがある。胎児期は、排尿、ハイハイ・歩行、微笑も練習中。五感の発達も目覚ましく、生後は運動と五感が相互作用しながら機能を高めていく。

保育・支援のポイント

### 規則正しい生活を心がけて、胎児の命と健康に配慮するよう伝えていく。

**過剰な飲酒、喫煙はしていないか**

過剰な飲酒、喫煙は胎児の発達に害悪との研究結果も多い。胎児の発達や生存に有害とされていることはできるだけ控えたい。

**栄養摂取は胎盤を通じておこなわれている**

栄養に偏りがないように、バランスの良い食事をする。また、体内時計の形成に影響を与える食事の時間は、できるだけ決まったリズムにしたい。

**過剰な薬の摂取はないか**

複数の薬を服用することは、胎児の発達に悪影響を与えると考えられている。薬の服用は医師と相談して決めたい。

# 誕生～1か月

口唇探索反射や把握反射、指しゃぶりなど、胎児期から続く原始反射を利用して、親に養育をしてもらう時期。これらの原始反射には生後2か月頃を境に消えて、数か月のちに再び出現するものがある。2度めのものは、本人の意識的なものに近い運動としてあらわれる。この時期にしかみられない原始反射を楽しみながら、子どもの成長を実感しよう。

保育・支援のポイント

## 目覚めているときは原始反射を利用したコミュニケーションを楽しもう。

### この時期は泣きが多いのが特徴

新生児期は泣く回数が非常に多い。しかし、1か月頃を境に徐々に減っていく。1日中泣いてばかりいて機嫌の悪さが目立つときは注意が必要（第1巻第1章「睡眠」参照）。

### 原始反射は出現しているか

原始歩行、モロー反射、口唇探索反射、把握反射などが出現しているか確認してみよう（14～15頁参照）。

### 機嫌の良いときはスキンシップを楽しもう

新生児期でも母親と第三者の顔や声の区別はできる。やさしく声をかけながら頬や腕に軽く触れるなどのスキンシップをはかろう。

# 2～3か月

自分の身体とそれ以外の物の見分けがつかないため、目の前にある自分の手が自分の身体の一部であるという認識はない。しかし、指しゃぶりを何度もしているうちに、手や指が自分の身体の一部であることを認識しはじめる。運動に意図も伴うようになり、身のまわりの人や物に興味をもつしぐさをみせる。

保育・支援のポイント

## 意図を伴う運動に気づき、子どもの発信に敏感に応答する。

### 抱き方の工夫をしているか

あやすときは、抱いている人の顔がみえる横抱きが適切である。縦抱きは気分転換に適しており、泣きやまないときに効果的である。寝かしつけるときは、抱きながらゆっくりと足でリズムをとるようにすると、ゆりかごのようになり、理想的である。

### 愛着の芽生え

保育者の区別がつきはじめる。特定の保育者がつくようにして子どもとの愛着関係を深めよう（第１巻第３章「生活の基本」参照）。

### 運動発達を観察しよう

運動や行動の背景にどんな意図があるか観察してみよう。手で物を持ったり、手に持った物を口に入れたりすることに興味をもつ時期。機嫌の良いときに、色、素材、かたさの異なる物を触らせてみるのも良い。

# 4〜6か月

指しゃぶりを繰り返すうちに、手を動かしたときに自分の身体に生じる独特の感覚に気づきはじめる。4か月頃には、手と手をあわせてじっとながめる。5か月頃になると、目の前の物をつかみ、手足をなめて身体感覚をつかもうとする動作が活発になる。6〜7か月頃には寝返りがほぼ完成する。衣服、食物、おもちゃなど周囲の人や物に興味や関心が高まるので、ベッドよりも床の上で身体を動かすことを好む。

保育・支援のポイント

## 床に寝たままでも、興味のおもむくままに活動が楽しめるよう環境を整える。

### いろいろな遊びを試しているか

子どものしぐさを観察してみよう。相手の動きを予測して反応するようになる。例えば、子どもと向き合って、横からおもちゃを近づけると、手でつかもうとする。動かす速度を変えるなど遊びを工夫して、運動機能を高めよう。

### 繰り返しのやりとりをおこなっているか

子どもが相手のしぐさの意味を理解するには、繰り返しの経験が必要である。おもちゃを持っている子どもに、保育者が「それ、ちょうだい」と言ったときに、子どもが手に持っている物を差し出したら、笑顔で「ありがとう」とお礼を言おう。遊びのなかで、言葉や表情から相手の動作の意味を理解するやりとりを楽しんでみる。

### さまざまな経験をさせて

積極的に手を伸ばして物に触ろう、口に入れようとする時期。危険物は子どもの近くに置かないようにしよう。ただし、体験を通して危険や恐れも学ぶので、子どもがちょっとした危機に直面した際には保育者がきちんと受け止められるようにしよう。

# 7～11か月

うつ伏せの状態で腹を床につけたまま手や足で前進する“ずり這い”がはじまる。ずり這いは、9～10か月頃にほぼ成立するお座りから少し経って、寝返りの状態からはじめる子どもが多い。つかまり立ちがはじまると、視界は一気に広がる。このあと、生後1年前後につたい歩きをしながら、左右の足を交互に出す経験を積んでいく。

保育・支援のポイント

## 這う、座る、つかまり立ちの姿勢を組み合わせた動作の変換を経験させよう。

### 発達にあわせて抱っこを工夫しよう

背中がしっかりしてきた子どもは、保育者の膝の上に乗せて向かい合って座ることができる。わらべうたにのせて伝承遊びをするときなどは、子どもの背中に手をあてて支えよう。

### 最適距離を知ろう

保育者が子どもからどのくらい離れていると、子どもが追いかけてくるか観察してみよう。子どもが安心して遊べる距離を「最適距離」と呼ぶ。この時期になると最適距離が少しずつ伸びてくる（保育者が近くにいなくても安心して遊びができる）。

### 危険物は遠ざけて

ハイハイからつかまり立ちがはじまる時期。行動範囲が広がり、探究心もますます旺盛になる。この頃は大けがにつながる可能性が高くなるので、危険な物を周囲に置いたままにしないように気をつけよう。

# 1～2歳

子どもの足が自分の体重を支えるのに十分な強度をもつようになると、保育者の支えがなくてもしっかりと自分の足で立てるようになる。生活空間の拡大とともに、自由に手が使えるようになることで、「自分で」という意欲と満足感が高まる。また、言葉を話しはじめるようになり、身近な人に積極的にはたらきかけるようになる。

保育・支援のポイント

## 自由な移動、言葉の使用の満足感が得られるように生活空間を広げ、豊かな人間関係づくりに努める。

### この時期までに規則正しい生活リズムが身についているか

昼間は積極的に外で遊ばせよう。昼間、元気に活動できた子どもは、夜は早くに眠りにつくことができ、規則正しい生活リズムができてくる。食事の時間も毎日ほぼ一定になるようにし、早寝を習慣づけるためにも夕食は夜7時までにとらせよう。

### 手先と全身の運動はバランス良く

手先を使う動き、身体全体を使う動きの両方を遊びに盛り込もう。

### 楽しい気分を共有しよう

子どもは他人のまねをすることが大好きで、特にリズムのある遊びがお気に入り。子どもが保育者のまねをするだけでなく、保育者が子どものまねをしながら（逆模倣、55頁参照）、リズム遊びで幸せな気分を共有しよう。

# 現場の悩みに答える! Q&A

## 胎教に効果はあるの?

Q 胎教に熱心な妊娠中の保護者がいます。胎教に効果はあるのでしょうか。

A 胎児はおなかのなかで多種多様な運動（胎動）をおこなっています。胎動は、胎児が外界に出るまでに獲得しておかなければならない能力で、生命力の強さを感じさせる素晴らしい能力です。しかし現代科学では、これらの能力に対し、外からの刺激が学習効果を上げるかどうかは解明されていません。胎教に熱心な母親の思いを否定する必要はありませんが、外界での生活に備えた胎児の懸命な準備をいとおしく思う、そうした感覚の大切さをさりげなく伝えても良いのではないでしょうか。

## 左利きは右利きに直すべき?

Q 昔と比べて左利きを右利きに矯正しなければならないと考える風潮は弱くなったと感じます。それでも左利きは右利きに矯正したほうが良いのでしょうか。

A 私たちには必ず利き手があります。しかし、なぜ利き手が存在するのかは現在でも解明されていません。利き手は胎児期にすでに決まっているという説もあり、生後に修正をするのは容易ではないようです。利き手の変更を強要すると、子どもにおいて左右の概念が混乱し、ときにストレスを与えることになるとも言われています。また、左右のどちらかしか使えない、左右にまったく差がないというのも不自然で、適度の左右差は必要とされています。手の運動の発達の面から言えば、左利きの子どもにはさりげなく声をかけて、少し右手も使える程度に工夫するのが適切です。

## ハイハイはしなくてもいい?

Q つたい歩きをはじめたAちゃん。ハイハイも、つたい歩きもしますが、早くひとり歩きに移らせたほうが良いのでしょうか。子どもがひとり歩きをはじめるひけつはありますか。

A 「這えば立て、立てば歩めの親心」の言葉どおり、子どもの成長を実感したくて、つい早く歩きはじめないか、早く言葉を話しはじめないかと期待してしまいます。ただ、子どもは大人が教えなくても、いずれ自分で歩きはじめます。この時期にお願いしたいことは、ハイハイ、お座り、つたい歩きなどの運動の切り替えを支援できるように、保育を工夫しましょう。

## 親が、子どもが口におもちゃを入れて遊ぶのを嫌がる

**Q** 保護者から、口におもちゃを入れるのは汚ないのでやめさせて欲しいと言われました。やめさせたほうが良いのでしょうか。

**A** 5か月頃までは物が立体的にみえているわけではありません。その頃に、例えば積み木を「これは厚みのある物だな」と子どもが認識する手段は、目よりも口です。おもちゃを口に入れ、舌の触覚を使って、物体の形状や材質を理解します。でこぼこ、ザラザラ、ツルツル、フワフワ。口のなかに物を入れることは、子どもが物を理解し、学習する重要な手段です。衛生面に配慮していることは伝え、保護者の理解に努めよう。

## 激しく泣くときはどうすれば?

**Q** 泣いている子どもを抱っこしたら、えび反りになって余計に激しく泣きます。子どもが泣きやむ抱き方はありませんか。

**A** 首の反射を利用してみてください。子どもの顎を保育者の胸にそっとつけるようにして、子どもがうつむき加減になるような姿勢で抱いてあげるのです。えび反りで泣くときは、手足が伸びて身体の筋肉が緊張している状態です。首が下向きになると手足の力みが抜けるという身体のしくみを利用すると、手足が自然と曲がって、子どもは安心し、多くは泣きやみます。

- 厚生労働省「平成22年度乳幼児身体発育調査」
- 小西行郎「胎児・乳児の運動能力」小島祥三他監、正高信男編『赤ちゃんの認識世界』ミネルヴァ書房、１９９９年
- 小西行郎『赤ちゃんと脳科学』集英社新書、２００３年
- 小西行郎『知れば楽しいおもしろい赤ちゃん学的保育入門』フレーベル館、２００６年
- 小西行郎『子どもの脳によくないこと』ＰＨＰサイエンス・ワールド新書、２０１１年
- 小西行郎『今なぜ発達行動学なのか』診断と治療社、２０１３年
- 小西行郎『はじまりは赤ちゃんから』赤ちゃんとママ社、２０１３年
- 小西行郎・小西薫『赤ちゃんの小児科BOOK』海竜社、２０１３年
- 内閣府・文部科学省・厚生労働省『幼保連携型認定こども園教育・保育要領解説』フレーベル館、２０１５年
- 文部科学省幼児期運動指針策定委員会「幼児期運動指針」２０１２年
http://www.mext.go.jp/a_menu/sports/undousisin/1319771.htm

第2章

# 遊び

# 遊びの発達

## 子どもの遊びは0歳から

子どもと遊んでいると、想像以上に子どもが相手の行動や気持ちに興味をもち、心を通わせようとしていることに気づかされます。

誕生直後は、保育者のはたらきかけに反応するだけだった子どもも、運動・知覚・認知機能の顕著な発達とともに、積極的に相手とかかわり、相手の表情や動作から感情を理解しようというしぐさをみせるようになります。

## 自らの能力を試すように、遊びを展開する

子どもの遊びは、人や物とのかかわりのなかで生まれます。順を追ってみていきましょう。

新生児期の子どもは、胎内で生活していたときの延長線上のような状態にあります。1日の多くの時間を眠って過ごし、目覚めているあいだの動作も無意識的なもので、明確な意図はありません。

しかしそうしたなかでも、ゆっくりとした動きなら目の前で動く物を目で追ったり（追視）、母乳とミルクの匂いの違いをかぎ分けたりすることができます。

2～4か月頃になると、それまでみられなかった「意図」のようなものを感じる場面が増えてきます。子どもの手の届くギリギリのところにおもちゃを置いて、左右にゆっくりと動かしてみましょう。子どもはおもちゃをみながら手を伸ばし、触れたりつかんだりしようとします。「リーチング」と呼ばれるこのしぐさは、視覚や認知の発達、好奇心の芽生えなどと関係し、自分の意思で周囲とかかわりはじめたことを示す運動です。目と手の協調運動は未熟ですが、未熟ながらもおもちゃに触ろうとする姿に子どもの意図を感じることができます。

5～6か月頃の特徴は、首のすわりと寝返りですが、物を立体的にみたり、奥行き（遠近）を感じたりする視覚機能の発達も加わって、目と手との協調運動がさらに上達します。

7～9か月頃には寝返り、ハイハイ、お座りによる身体移動と姿勢保持がほぼ完成します。そうなると、好奇心のおもむくままに自ら探索活動を楽しむようになります。目的地へ向かって、物をつかんで感覚・運動遊びを楽しみます。

10か月前後には、発達してきた短期的な記憶力である「ワーキングメモリ」が身につき、視線や指さしを使って相手の意図を理解する「共同注意」も成立します。保育者の動作をまねたり、みられていることを意識し、かけひきを楽しんだり、やりとりを楽しめるようになります。

1歳以降は、言葉で情報を相手に伝える能力を身につけ、大人だけでなく「友だち」の存在を意識した、つもり・見立て遊びが増えます。最終的にはごっこ遊びへと世界を広げていきます。

## 1 胎児期

五感（触覚、味覚、嗅覚、聴覚、視覚）を発達させながら脳がつくられていく。生後の対人関係に備えた顔の筋肉の動き（表情）ができはじめる。

**生後に必要な反射運動を、胎内で繰り返し試す時期。**

## 2 誕生～1か月

1日のほとんどを眠って過ごすが、起きているあいだは自発運動もみられる。母乳とミルクをかぎ分けたり、動く物ならゆっくりと目で追いかけたり（追視）する。

**起きている時間は、原始反射を利用して、保育者に世話をしてもらう時期。**

## 3 2～4か月

首がすわりはじめ、追視や、物に手を伸ばしてつかむリーチングができるようになる。特に聴覚の発達が目覚ましく、声や音によく反応する。機嫌が良いときは保育者の微笑にあわせて微笑むことができる。

**意図が明確になり、周囲に自ら発信する場面がわずかにみられる。**

## 4 5～9か月

お座りの成立と視覚の発達によって、遠近感の認識が可能になる。主な移動手段はハイハイ。ワーキングメモリ（短期記憶）、共同注意が芽生え、認知能力が発達していく。

**遠近感が認識でき、ワーキングメモリが育つ。**

## 5 10～11か月

ハイハイとつかまり立ち（立位）が完成し、歩行へと移行するなど、移動範囲が拡大する時期。共同注意と言葉の理解でやりとり遊びが充実する。

**「みる」だけでなく「みられる」ことを意識したやりとり遊びがはじまる。**

## 6 1～2歳

歩行と言葉の使用がスタートし、「つもり・見立て遊び」を楽しむ。「ごっこ遊び」をはじめることもある。1歳後半には、親との世界から友だちの存在に関心が移っていく。

**移動と言葉の獲得で他者とのコミュニケーションが充実し、友だちの存在を意識する。**

# 遊びで大切なこと

## 乳児は遊びをとおして対人関係を学ぶ

乳児のことを英語で「infant」と言います。語源はラテン語のinfansで、「言葉を使わない」を意味します。語源のとおり乳児は言葉を使いませんが、かわりに言葉以外の方法を使って他者とかかわり、周囲にはたらきかけていきます。それが乳児期の「遊び」です。子どもは遊びをとおして外界と交流し、さまざまな能力を獲得していきます。

言葉をもたない年齢の子どもにとって、遊びは「言葉以上の何か」を提供してくれる大切な活動です。保育者は次の3点を理解して子どもとの遊びを展開していきましょう。

## 遊びにとって大切なこと

### ❶ 人とかかわる力を養う

生後まもない新生児でも、今ある機能を使って他者のはたらきかけに応じることができます。

新生児に顔を近づけて口をあけたり、舌を出したりすると、子どもも同じしぐさをすることがあります。これはごく初期の「引き込み現象」（生体リズムの波長が合う現象）で、異なるリズムがしだいにそろっていくさまを言います。

3～4か月を過ぎた子どもとの動作の引き込み現象は、心が同期したような、不思議な幸福感を与えてくれるでしょう。この心地良い感覚が子どもの発達を支えます。遊びは、他者と心を通わせるコミュニケーションの出発点なのです。

### ❷ 子どもの自ら育つ力を大切にする

子どもは、生まれたときから自分で行動し、環境と相互作用する力をもっています。自分が行動をおこせば相手や物から何らかの反応が返ってくることを知っているからです。その反応がおもしろくて子どもはさらに行動します。

保育者は、「周囲からの反応に気づいている子ども」の姿に気づき、過不足なく支援をすることが大切です。

### ❸ 子どもの発達を多面的にみる

子どもの発達には、縦方向と横方向への広がりがあることが知られています。

縦方向の発達とは、子どもが成長して、以前よりも大きく、強く、完全な段階に到達することです。知能の発達がそれにあたり、例えば運動や言語がどの程度獲得されたかで評価することができます。

一方の横方向の発達は、新しく獲得した力を応用して豊かなものにしたり、少し挑戦することです。例えば、言葉の獲得が遅れがちな子どもの場合、言語による他児との交流は制限されています。しかし、身ぶりの豊かさは言葉のハンデを凌《りょう》駕《が》するかもしれません。横方向の発達によって支えられる世界の広がりは、縦方向の発達に刺激を与えるものとして注目されています。子どもの遊びは、縦横の両方の視点でとらえることが大切です。

# 遊びにとって大切な3つの視点

## 1 子どもは遊びで「人とかかわる力」を養う

言葉をもたない子どもにとっての「遊び」は、言葉以外の方法で人とかかわり、新しい能力を獲得することです。保育者は、子どもが試行錯誤を重ねながら他者と交流できるような遊びの環境を整えることが大切です。

## 2 子どもは自ら育つ力をもっている

子どもは生まれたときから自ら周囲にはたらきかけ、環境と相互作用する力をもっています。そして、大人に指摘されなくても、自分が行動を起こせば相手や物から反応があることにも気づいています。保育者は、そんな「気づいている子どもの姿」に気づき、自発的な行動を温かく見守る保育をしましょう。

## 3 子どもの発達は多面的に考えよう

子どもの発達は、すくすく育つ木のようなものです。上へ上へと幹が大きく太く伸びていく縦方向の発達（運動や言葉）は、横へ横へと葉を広げる横方向の発達（新しく獲得した力の応用と挑戦）によって支えられています。保育者は両方が充足する保育をめざしましょう。

# 遊びをとおした「成長するためのプログラム」

## 子どもにとって遊びとは新しい能力の獲得を支えるもの

遊びとは、「獲得した新しい運動（力）を利用して、環境との相互作用を繰り返すなかで、自らの能力をさらに発展させ、それによって自分の世界を広げ、新しい世界を楽しむ」ことです。

大人は自分の意思で自由に身体を動かすことができますが、運動機能の未熟な子どもは、今ある機能を自由に組み合わせて使いこなせるだけの力をもっていません。

そこで、ある新しい能力を獲得すると、まずそれを試し、何らかの反応を得ようとします。

自分のはたらきかけで得られた成功や失敗の経験は、達成感や挫折感となって、次の動作の調整に反映されます。そして自分の振る舞いがうまく成立して新たな運動が獲得されると、それを応用して、より豊かな世界を体験したくなります。この繰り返しが「遊び」です。

## 子どもは成長するためのプログラムをもっている

子どもの遊びには「成長するためのプログラム」があります。数枚の絵や布、飾り糸をワイヤーでつるし、それらがバランスを保ちながら微妙にゆれるのを楽しむおもちゃ（以下、モビール）を使った遊びの例で説明しましょう（51頁参照）。

仰向け寝をしている2～3か月頃の子どもが、自分の手をじっとみている光景をみたことはありませんか。これは、自分がいまみている手が動くことで、自分というものの存在を認識しているのではないかと考えられています。

ここで子どもの手とモビールを紐で結んでみましょう。子どもは、どんな反応をするでしょうか。

まず、子どもの手が動きます。すると、モビールがそれに反応して動きます。最初のうちは、自分の手が動くことでモビールが動くことに気づきません。

しかし、あるとき、ふと「あれ？ ここ（手）が動くと、あれ（モビール）が動く」ことに気づきます。ここ（手）が動いて、あれ（モビール）が動くことを知ると、子どもは手を動かす動作を繰り返してその様子をみつめます。

そして偶然、自分の手が大きく動いたときにモビールが大きく動くと、「ここ（手）を強く動かすと、あれ（モビール）はどうなるのかな？」と感じます。

手と紐とモビールの関係を理解するのはまだ先ですが、手の動きに強弱をつけてモビールの動きを試そうとします。

これが子どもの遊びであり、成長のためのプログラムです。子どもは成功と失敗を繰り返しながら新たな動作を獲得すると、その新しい能力を使って再び周囲にはたらきかけ、自分の力を試そうとします。このプログラムは、子どもが新たな世界と出合うプロセスでもあります。

# 遊びをとおした「成長するためのプログラム」

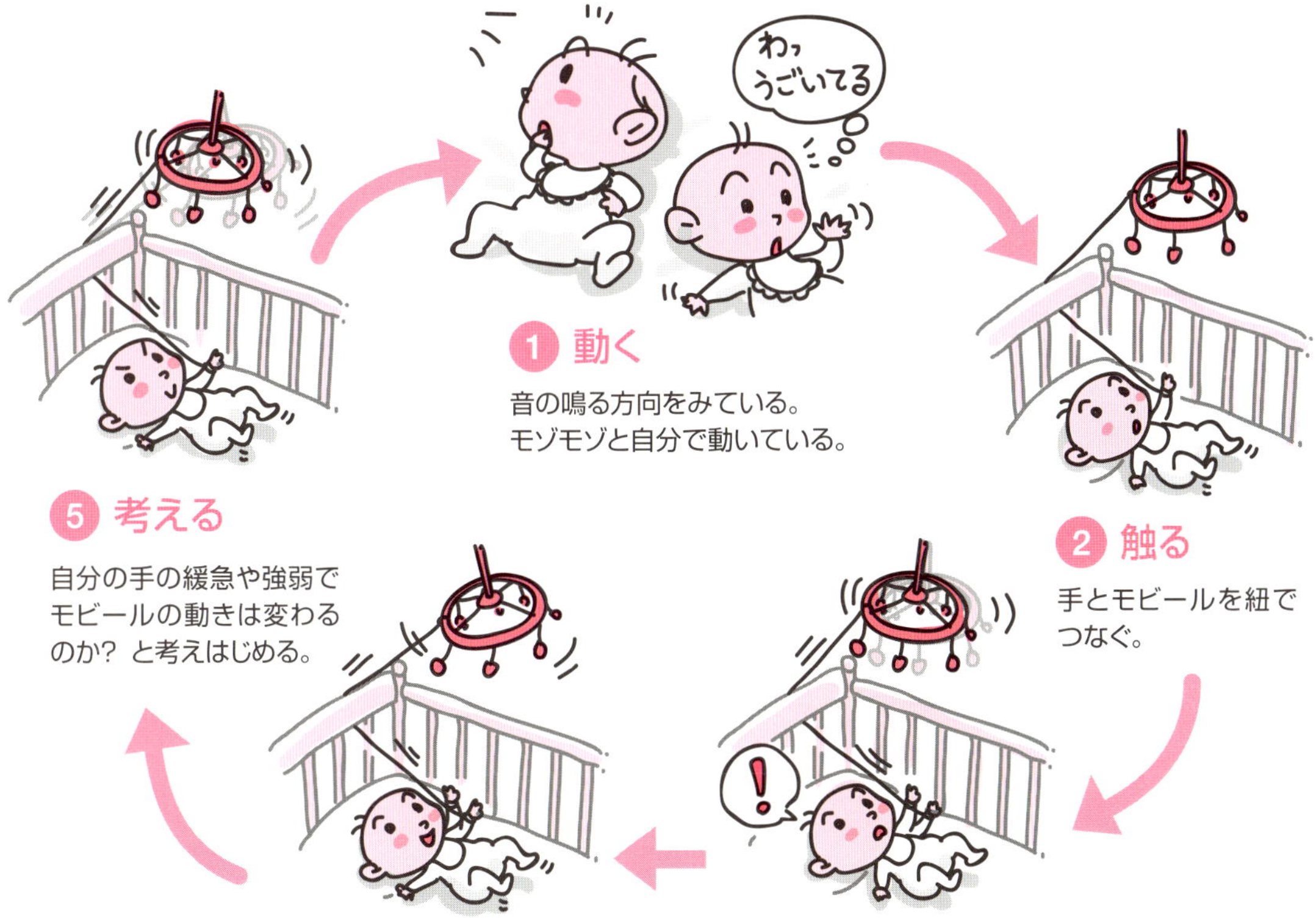


**1 動く**

音の鳴る方向をみている。
モゾモゾと自分で動いている。

**2 触る**

手とモビールを紐でつなぐ。

**3 知る・気づく**

「あれ？　これ(手)が動いた」「あれ（モビール）が動いている」と気づく。

**4 学ぶ**

「こっち（手）がこうだと、あれ（モビール）が動く」ということを学びはじめる。

**5 考える**

自分の手の緩急や強弱でモビールの動きは変わるのか？ と考えはじめる。

## 運動を通じた試行錯誤が大事

成長のためのプログラムはハイハイでもみることができます。7〜9か月頃にハイハイがはじまると、両腕をあまり使わずに足で蹴って前のめりに進む子どもがいます。その子がいまもっている能力は「足で床を蹴る」ことですが、この能力を利用して、子どもは絶えず動き回りながら自分でさまざまなパターンを試していきます。やがてスムーズで効率的な運動パターンを獲得すると、今度はそれを自由にコントロールできるようになります。かつての経験をもとに新しい適応のしかたを習得し、経験を蓄えていく。これが「学習」の原点と言えるかもしれません。

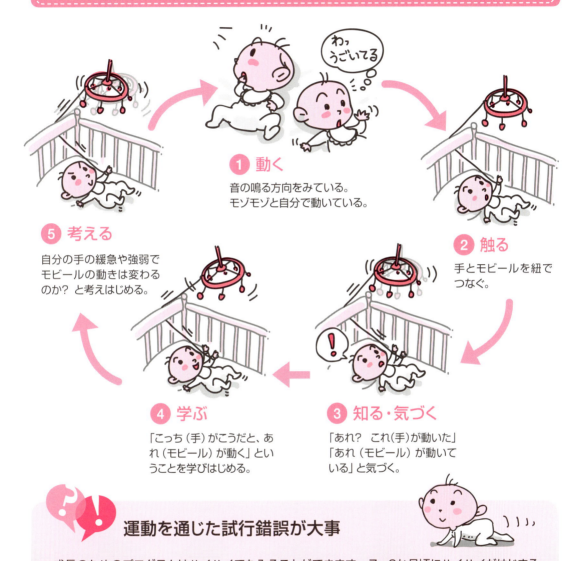

# 子どもとおもちゃ

## 保育者は、どんなおもちゃを選べばいいの？

さまざまな種類・材質のおもちゃが手に入る時代になりました。「発達をうながす・知能を高める」「木製の自然な手ざわり」など、どのおもちゃにも相応のねらいがあって、子どもが喜ぶ工夫がなされています。

乳児に適したおもちゃを選ぶときは、50頁に書いた遊びの定義を参考にしてください。再掲すると、遊びとは、「獲得した新しい運動（力）を利用して、環境との相互作用を繰り返すなかで、自らの能力をさらに発展させ、それによって自分の世界を広げ、新しい世界を楽しむ」ことです。

この定義をもとにおもちゃを選ぶと、手作りや高価なおもちゃにこだわらなくても、使い方によってはさまざまに工夫できる日常生活にある物も、心を動かされるおもちゃになることに気づきます。

## 日常にある物が子どものおもちゃになる

子どもはおもちゃがなくても身のまわりの物を使って遊ぶ名人です。日々の保育活動のなかで保育者が経験するのも、「こんなに自由な発想で遊べるのか」という意外性ではないでしょうか。

例えば、仰向けに寝ている子どもが、たまたま自分の顔にかかったカーテンを手ではたいてみたり、引っ張ってみたり、顔を隠してみたりしているとします。このとき、子どもの「おもちゃ」はカーテンです。

子どもがしばらくカーテンと触れ合ったら、子どもがカーテンの陰から顔を出すタイミングでぬいぐるみをみせて「いないいないばあ」と言ってみてください。たちまちいないいないばあの遊びがはじまります。ぬいぐるみに扮した保育者が子どもに話しかけ、物語風に遊んでみるのもいいでしょう。

子どもは身のまわりにあるどんな物でもおもちゃにすることができます。保育者は「目の前にある物」に着目して、少し手を加えるなど工夫をし、新しい遊びを考えたいものです。

## おもちゃを介して世界とのかかわりを楽しむ

子どもは「自分と保育者（他者）」や「自分とおもちゃ」という二項関係を十分に経験したあと、「自分と保育者（他者）と物」という三項関係を形成させていきます。

おもちゃの種類や材質は十分に検討していただきたいのですが、そこで展開される人とのやりとりにも工夫をこらしましょう。たとえ小さな積み木1つでも、子どもはただ触れるだけの遊びからごっこ遊びに至るまで、想像力を豊かに発展させていくことができるのです。

# 「どんなものでもおもちゃにする」子どもの力

## キッチン用品

「ごっこ遊び」の出発点は、保育者が日常的に使用する生活用品のしぐさを模倣することである。例えば、水が入っていないコップを飲むまねや、食材の入っていない鍋をかきまぜるまね。こうした動作模倣が見立て遊び、2歳頃の友だちとのごっこ遊びに発展する。

## ハンカチは万能おもちゃ

「子ども・保育者・物」の三項関係が成立したら、ハンカチを丸めてボールにする、顔や物を隠すなど、みえない物を予測する遊びを楽しもう。2歳近くなったら、ハンカチを手のひらに乗せて子どもに引っ張ってとらせてみよう。単純な遊びだが、子どもに大人気の遊びである。

## スイッチオン!

テレビなどリモコンの電源スイッチのオン・オフや、マジックテープのつけはずしは楽しい遊びである。動作前後の感触の違いや光・音の変化がおもしろいので繰り返し遊ぶ。手の運動機能の発達もうながす。

## キラキラ輝く鏡、クルクルまわるおもちゃ

子どもはキラキラと反射する物を志向する。鏡やビー玉で飽きずに遊ぶのもそのためである。手鏡やビー玉以外にも、手で触るだけで回転したり、音がしたり、ユラユラゆれたり、キラキラ光る変化に富んだおもちゃがある。わずかな手の動きだけで変化するこの種のおもちゃは、偶然手がおもちゃに触れたときの反応が楽しくて、繰り返しその感覚を楽しむようになる。

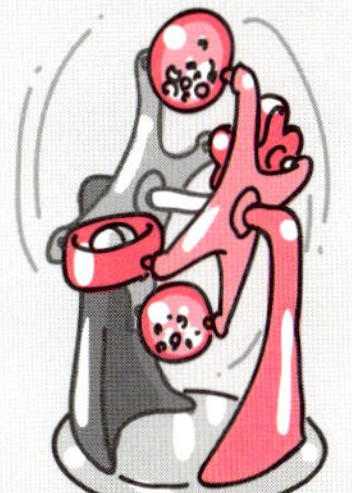

# 感覚・運動遊びからごっこへ

## 子どもの想像力を育む遊び

ごっこ遊びは、例えば「お店屋さんごっこ」のように、子どもが興味を抱く身近な対象を何かに「見立て」たりしながら、何かをしている「つもり」で、友だちと共通のテーマを設定して遊ぶことです。

2～3歳頃になると、ごっこ遊びをはじめるのに必要な想像力の準備が整ってきます。ここでは、感覚・運動遊びからごっこ遊びまでの遊びの変化をたどりながら、想像力が成立するプロセスを解説します。

## ごっこ遊びが成立するプロセス

### ❶ 感覚・運動遊び

ごっこ遊びの原点は、2か月頃からはじまる感覚・運動遊びです。自ら動いてみて、触覚や聴覚などをつうじて得られる感覚の世界を楽しみ、自分の身体やまわりにある人や物を認識します。

### ❷ 操作的な遊び

次に、感覚・運動遊びで培われた手先と五感の機能を使った操作的な遊びがはじまります。子どもは手や指を使って事物にはたらきかけ、それを変化させたり、構成したりすることを楽しみます。テレビのリモコンを押すと音や画面が変化する、ティッシュペーパーを箱から取り出すと次の1枚が出てくるなど、自分の操作によって次から次へと物の状態が変わることに魅力を感じます。手指の発達をとおして物を操作することを学びとっていきます。

### ❸ 模倣

このあと鍋、茶碗、コップといった生活品を使った模倣がはじまります。単純な動作の模倣から、しだいに道具を使った複雑な模倣が成立します。模倣は、新しい機能を獲得する学習であると同時に、相手と同じことをしてみたいという意思のあらわれでもあると考えられています。1歳半頃になると延滞模倣が成立しはじめます。延滞模倣とは、「昨日まねた動作を、今日思い出して再現できる能力」です。延滞模倣の重要な点は、相手の動作を長時間記憶でき、それを再現できるという、記憶の長さと定着にあります。

### ❹ つもり・見立て遊び

模倣が成立すると、料理をしているつもりのように、長い積み木を包丁に見立てて何か切るまねなどをするようになります。イメージする力が豊かになって、それが言語の獲得の基盤になります。

### ❺ ごっこ（役割・ルール）遊び

「赤ちゃん」や「お母さん」になってやりとりを楽しみます。他者とのかかわりを経験し、集団での役割・ルールを理解していきます。

子どもの遊びは連続しています。遊びの変化を観察すると、子どもの発達段階がわかり、次の遊びの見通しを立てることができます。発達段階に応じた経験が十分できるように環境を整えましょう。

# 遊びの変化

1歳をすぎると、ぬいぐるみに飲み物をあげてぬいぐるみが飲んでいるつもり、バッグを持って買い物に行くつもりになる。積み木を耳にあてて電話のまねをするなど、ある物を何か別の物に見立てて遊ぶ。物と深くかかわることでイメージしたものを表現する力を育む。
5
ごっこ（役割・ルール）遊び
友だちと一緒にヒーローごっこやままごとのようなごっこ遊びをする。❶～❹の経験をもとにごっこ遊びを展開し、創造力や表現力を高めていく。
4
つもり・見立て遊び
操作的な遊びで培った運動・知覚・認知機能をいかして、空のコップを飲む、鍋をかき回すなど、保育者のまねをする。共感を育み、コミュニケーションの土台をつくる。
3
模倣
2
操作的な遊び
指しゃぶり、ガラガラを握って振る、いないいないばあの遊びを楽しむ。心身の発達をもたらす感覚・運動を刺激する遊びや外界の情報（刺激）を取り入れて楽しむ。
1
感覚・運動遊び
テレビのリモコンのボタンを押す、ティッシュペーパーを箱から取り出すなど手先を使った遊び。主に視聴覚や手指の発達をうながし、観察する力、繰り返し取り組む力を育む。


## 子どもが喜ぶ逆模倣

逆模倣とは、保育者が自分の動きを子どもにまねさせるのではなく、子どものしぐさを保育者がまねすること。手遊びなど、子どもに動作をまねさせるために、子どもの手をもって動かす方法がありますが、それをする前に試したいのが逆模倣です。模倣の重要性の1つは、相手との共感です。人は自分がまねをするよりも、誰かにまねをされたときのほうが相手に共感を抱きやすいという説もあります。逆模倣は、模倣が成立する前の時期にある子ども、模倣が難しい子どもに有効です。

# ワーキングメモリと共同注意

## ワーキングメモリとは?

ワーキングメモリとは、5〜6か月児にみられる短期的な記憶のことです。日本語では「作業記憶」と訳され、視覚などの知覚でとらえた情報を、短い時間、脳のなかで保持することができる能力です。のちの読み書きや計算などの学習の基礎になります。

## 子どもの記憶は少しずつ長くなる

子どもは、見る物、聞いたことのある物、触る物など、経験したことを脳のなかに記憶して成長します。

子どもが好きなおもちゃをじっとみているときに、おもちゃをうしろに隠してみましょう。しばらく隠してからおもちゃをみせます。

4か月頃までの子どもは、目の前にある物は「ある」し、目の前にない物は「ない」と感じます。そのため、隠れている物は「ない」と判断してすぐに目をそらしてしまいます。これは記憶する能力が十分に備わっていないためです。

5〜6か月頃になると、いまはないけれど、さっきまではあったことを「ある」と判断できるようになります。

もう一度おもちゃを手のひらに乗せて、子どもが触ろうと手を伸ばした瞬間に隠してみましょう。子どもは、以前「みた」という記憶をたどりながらうしろに隠したおもちゃを探せるようになります。

ただし、7か月頃までは、ほんの数秒前のことを記憶しているだけです。保育者のうしろにおもちゃが隠れていないか探そうとしますが、何度か繰り返しておもちゃがみつからないことがわかると、興味を失ってしまいます。

記憶している時間がもう少し長くなると、以前の記憶を思い出しながら、「あったはず」と探せるようになります。

## ワーキングメモリと共同注意を利用して楽しく遊ぼう

9か月頃には、「共同注意」が成立します。相手の「指をさす」「視線を向ける」という行動の意味がわかり、相手の意図を読んで、同じ方向を向き、対象物に注意を向けることができるようになります。

子どもは相手が自分にとって意外な行動をとると「どうして?」「ダメ?」といった不思議そうな表情をします。そして「どうぞ」と言われて手渡されると、安心したように手に取るという行動をします。これは「社会的参照」と呼ばれる能力で、周囲の表情や態度を手がかりにして、自分の意思を決定するものです。

保育者は、ワーキングメモリと共同注意の発達を利用しながら子どものコミュニケーションを上手に受け止め、楽しい遊びを考えましょう。

# 発達段階でみる、おもちゃへの反応の変化

**4か月頃**

目の前にある物は「ある」、ない物は「ない」と判断する。

**5~6月頃**

### ワーキングメモリが芽生えると

いまはみえなくても、少し前にあった物は「ある」と判断できるようになる。

**6~7月頃**

### ただし……

隠した手を触りにくるが、何度か繰り返しておもちゃがみつからないと興味を失う。

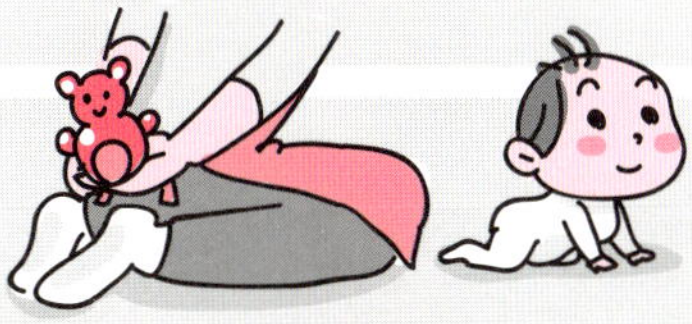

**6~9月頃**

### 記憶する時間が長くなり、共同注意が芽生える

以前の記憶を思い出しながら、「あったはず」と探せるようになる。そして「自分・他者・物」の三項関係が成立しはじめると、指さしや視線を使って物を共有する。

**1歳頃**

「もらってもいいの?」とでもいいたげな表情をして、保育者の顔をのぞきこみ、保育者が「どうぞ」といえば手を出し、「ダメ」といえば手を出さなくなる。

## 社会的参照と不信感

1歳前後は、意思表示をおこなうときや問題解決をはかりたい場面で、自分ひとりの力だけでなく周囲の表情や態度をみながら情緒的な安定をはかり、判断をするようになります。このとき子どもが参照する「周囲」は、多くの場合、家族や保育者など子どもにとって重要な他者です。ではもし、相手がいじわるをしたり、嘘をついたりしたらどうでしょう? 社会的参照は、子どもが相手の表情や態度を推察できる成長のあらわれですが、相手の対応次第では、不信感も芽生えます。社会的参照は不信感のはじまり、と言えるかもしれません。

# 誕生～1か月―子宮外生活への適応期

**発達のポイント**

- 原始反射の出現（12～13頁参照）
- 自発運動（GMなど）の出現（12～13頁参照）
- 感覚の偏り（触覚や嗅覚が中心）
- コミュニケーションの出発点としての表情の芽生え

1か月頃までの子どもは、眠っている時間が長く、基本的には胎児の生活の延長線上にあるような状態です。子どもの行為に目立った意図はありません。起きている間は、自然にモゴモゴと身体を動かしたり、刺激を受ければ原始反射を示したりして過ごします。

この時期の運動の特徴は、さまざまな原始反射が出現することです。原始とは、とても幼い頃にあらわれるという意味です。例えば、指で子どもの口元を軽くなでる、手のひらを指で押さえるなどしてみましょう。口を開いたり、手を閉じて指を握ったりして反応します。原始反射は哺乳や抱っこなど母親の世話を引き出すためにある、という説もあり、試すなら生後数か月のうちにしたいものです。

この時期の感覚機能は、嗅覚と触覚が中心です。子どもは、鼻や手、口などの感覚を使って辺りを探っています。生後数日の子どもでも、母親の匂いのかぎ分けや、乳房や哺乳瓶の確認などができます。

眼球の動きにも注目してみましょう。タイミングがあえば、ゆっくりとした動きなら子どもは目で見て物を追うことが可能です。これを「追視」と呼びます。

起きている時間は短いのですが、機嫌の良いときには少し声をかけたり、あやしたりして遊ぶと良いでしょう。

また、父親と母親が子どもに交互に声をかけたり、さまざまな表情をつくって顔を近づけたりすると、子どもがそのまねをすることがあり、コミュニケーションを楽しむことができます。

## ① 匂いをかぎ分ける

子どもに、母親の母乳をつけた綿花と市販の粉ミルクをつけた綿花を近づけると、子どもは母乳のついたほうを向く。匂いをかぎ分ける能力が生まれつき備わっていることがわかる。

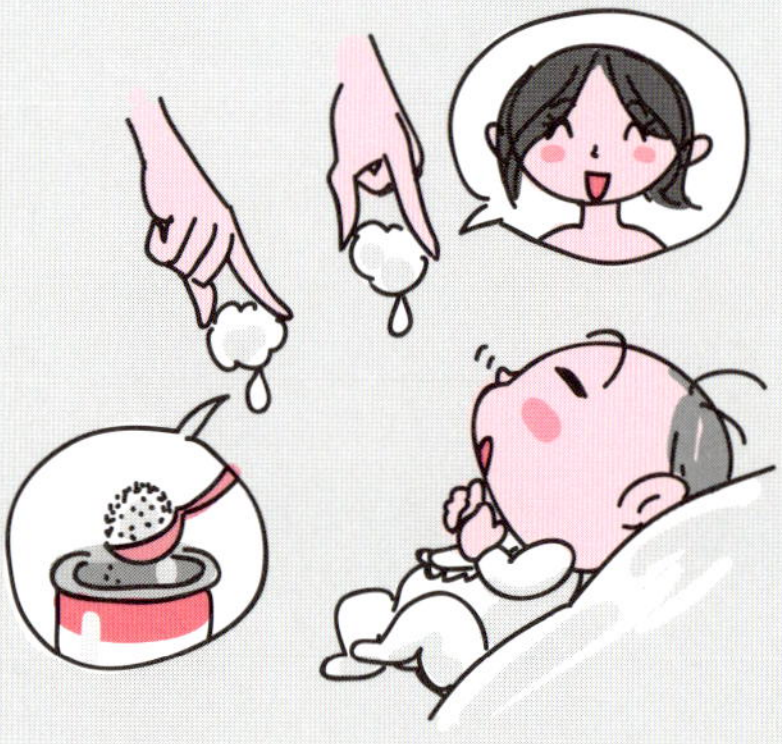

## ② 近づかないで

子どもの目の前に物を近づけると、顔をそむける。物と自分の距離感がわかると同時に、危険な物を避けようとする本能的な行動が備わっている。

## ③ まねっこしよう

顔がみえるように子どもを抱っこして、舌を出してみよう。タイミングがあえば、子どもは同じように舌を出してまねをする。人はしぐさをまねされるとうれしくなるが、こうした気持ちのやりとりがコミュニケーションの基本となる。

## ④ いつもと違う!?

普段は着用しないマスクをつけて子どもをあやしてみよう。いつもの顔と違うことに驚いて泣き出すことがある。新生児は人の顔のパーツ（目、鼻、口）の位置に注視していることが知られている。普段つけないマスクをつけてあやしてみよう。いつもと違う顔に驚いて泣き出すことがある。

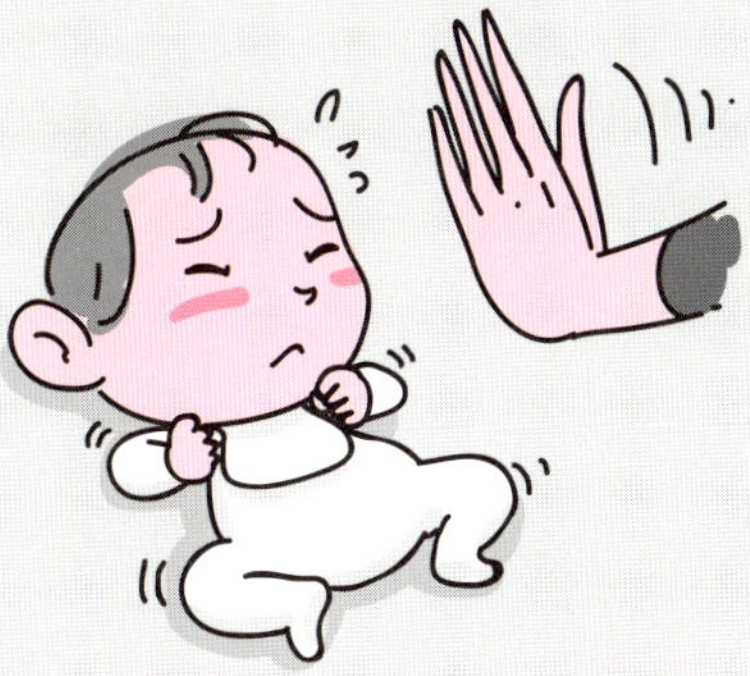

## ⑤ 動く物が好き

子どもは、手のひらを目の前に急に近づけると、目を閉じる。子どもは静止している物より、動く物のほうが認識しやすい。保育者の表情も動きがあると良い。

## ⑥ 手に触れた物は口に入れたい

子どもの両手を引っ張りあげて手のひらを押すと口をあける。この反射はバブキン反射と呼ばれ、手に触れた物を口に持っていこうとする反射と考えられている。

# 2〜4か月──「自分から」の世界

発達のポイント

- 首がすわりはじめる
- 原始反射の減退と随意運動の出現（16〜17頁参照）
- 追視、リーチング、予測のはじまり
- 触覚から聴覚への変移
- 微笑がえし
- 自我の芽生え

2か月くらいになると、首が少し安定してきて、寝たままの状態で首の向きを変えられるようになります。4〜5か月頃に首がすわり、頭を自由に動かせるようになります。

この時期には、新生児期に盛んにみられた反射運動が減退し、それに代わって随意運動が増えてくるようになります。随意運動とは、自分の意思や意図にもとづく運動のことです。

随意運動の出現に伴い、相手が手にもった物を見て自分の手を伸ばし、とろうと意思表示をする「リーチング」がはじまります。

子どもを膝の上に座らせて、子どもの手の届くすれすれのところにおもちゃを置いて動かしてみましょう。子どもが戸惑ったり、困ったりする工夫をすると、比較的長い時間、遊びを楽しむことができます。どの程度遊べて、どの程度の時間がきたら飽きるのか、試すとおもしろいでしょう。

また、聴覚機能が著しく発達する時期なので、きれいな音の鳴るおもちゃを選ぶようにしましょう。子どもは音のする方向に顔を向けたり、動く物や光る物に目を向けてじっとみつめたりします。

この時期には、指しゃぶりや、保育者の微笑に対して微笑を返す微笑がえし、相手の顔をじっとみつめる強制《きょうせい》固視《こし》も盛んです。

保育者との関係では、「自分と物」という二項関係の成立によって、身近な大人と関係をもつ心が育ちはじめます。

## ① もう飽きた?

大好きなおもちゃや音などはいずれ飽きるときがくる。これを馴化《じゅんか》と呼ぶ。そして、同じおもちゃの音を繰り返し聞かされると飽きるが、別のおもちゃの音を聞かせると興味を示すのが脱馴化。子どもは行動で自分の気持ちを伝えている。いろいろなおもちゃで試してみよう。

## 2 顔と声が違う?

寝ている子どもに女性保育者が顔を近づけ、そのうしろで男性保育者が声をかけてみよう。いつもと違う女性保育者の声に驚いて戸惑いを感じる。

## 3 慣れない感覚は嫌?

子どもの裸の胸に小さなおもちゃを置くと、払いのけるしぐさをする。慣れない感覚を避けようとする本能的な反応である。

## 4 近づいてくれるとうれしい

子どもをうつぶせにして、脇の下に丸めたタオルを置くと、子どもは首を上げようとする。保育者がその前に寝そべって近づくと、子どもはさらに喜ぶ。

## 5 風船が動くよ!

寝ている子どもの手に風船をくくりつけてみよう。自分が手を動かすと動く風船を不思議に思って、何度も手を動かして遊ぶ。

## 6 どっちが好き?

子どもは、なじみのない保育者より、いつも世話をしてくれている保育者のほうをよくみる。この現象は、専門的には選好注視と呼ばれる。子どもが視覚を用いて好みを決めている例である。

## 7 左右→上下→遠近の順にわかる

子どもの目の前でガラガラをゆっくり動かすと目で追う。はじめは音に、それから目で反応する。目の動きで遊びをしたいときは、音を鳴らさずに。最初は左右の動きから、やがて上下に動かしてみよう。最後に理解するのは遠近（奥行き）である。遠近の理解が成立する4か月頃になると、ガラガラに手を伸ばすようになる。

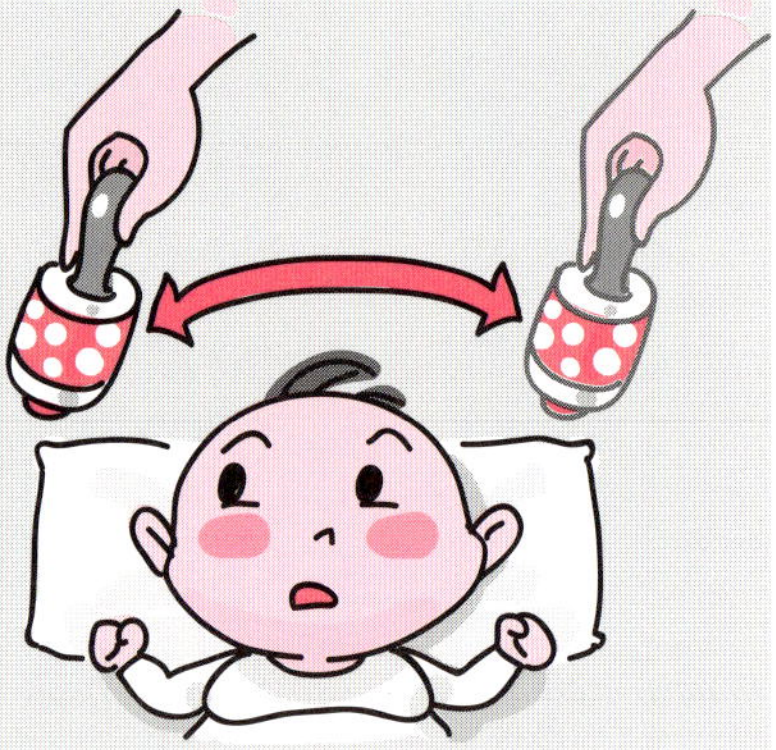

## 8 子どもの声をまねてみよう

子どもが「あーあー」「くー」などの声を出して遊んでいたら、保育者も声をまねて「会話」を楽しもう。まねをしないよりも、まねをしたほうが声を出す時間が長くなる。

## 9 こもりうたで「快」を届けよう

こもりうたは静かで落ち着いた雰囲気のなかで、リラックスしたいときに歌いたい。子どもを抱っこしながら、お尻や背中をやさしくリズミカルにたたき、快の感覚を一緒に楽しもう。

## 10 モビールは自分で動かすよ

子どもの手とモビールを紐で結ぶと、子どもは手を動かせばモビールが動くことに気づく（50〜51頁参照）。紐をはずしても、しばらくは手を動かしている。

## 物の握り方も変化するよ

1

2か月頃は、手におもちゃをあてたり、棒のような物で手をツンツンと軽くたたいたりして刺激を与えると、反射的に手をひらく。

2

首がすわりはじめて、縦抱きの姿勢が多くなる頃、子どもは手に持った物を握れるようになる。音のするおもちゃを握らせると、少しの間、振って音が鳴るのを楽しむ。

3

4か月をすぎると、手に刺激を与えなくても、おもちゃを握るために自分で手をひらく。おもちゃを持つ手の力がしっかりとしてきたら、おもちゃを引き抜いてみよう。自らおもちゃをつかんで自分のほうへ引き戻そうとする。この遊びを繰り返すと、子どもは「次もおもちゃをとられるのかな?」と相手の行動を予測するようになる。こうした予測の連続が相手とのやりとりを可能にする。

# 5～6か月―寝返りによって視界が変わる

**発達のポイント**

- 身体の移動と姿勢の保持（寝返り、支えられてのお座り）
- お座りによる両手の自由
- 視覚機能（立体視、遠近感）と手先の細かな微細運動の芽生え
- 認知能力の発達と運動の選択
- 他者認知と他者の意図の理解（表情認知、関係性の修復、最初の人見知り）
- 共同注意の芽生え
- ワーキングメモリのはじまり
- 自己表現の芽生え

この時期の特徴的な運動は、寝返りです。自ら身体を反転させることで、子どもの目線の先にある景色、目でみる世界が大きく変わります。

寝返りを手助けする際は、寝返りする側の子どもの手を伸ばして、うしろからお尻をぐっと押してやりましょう。腕が抜ければ、寝返りは完成です。

寝返りが左右一方向に偏っているときは、床や布団の上など場所を変えて寝返りのパターンを試します。自分の力で寝返りができるように、焦らず完成までのプロセスを見守ることが大切です。

こうした寝返りや、支えられてのお座りができはじめると、外界が立体的にみえ、遠近感が理解できるようになります。ちょうど同じ頃に把握反射が減退して、自分の手の力で積み木を握って遊ぶようになります。積み木を握って遊べるのは、お座りで両手の自由がきくようになったからでもあります。

保育者が指さした方向にある物に何となく気づくようになったり、短時間のことなら一時的に記憶できるようになったりして、子どもが触れあう世界はより複雑になっていきます。姿勢の転換や記憶の芽生えによって遊びのバリエーションが一気に広がる楽しい時期ですが、最初の人見知りもはじまります。

## ① 取れるかな?

子どもと向き合って座り、おもちゃを目の前で左右に動かすと、目の前にきたときに子どもは手を出してつかもうとする。動かす速さを変えて楽しもう。ただし、この時期は前後・上下の動きについては目で追うだけで、おもちゃに手を伸ばさない。

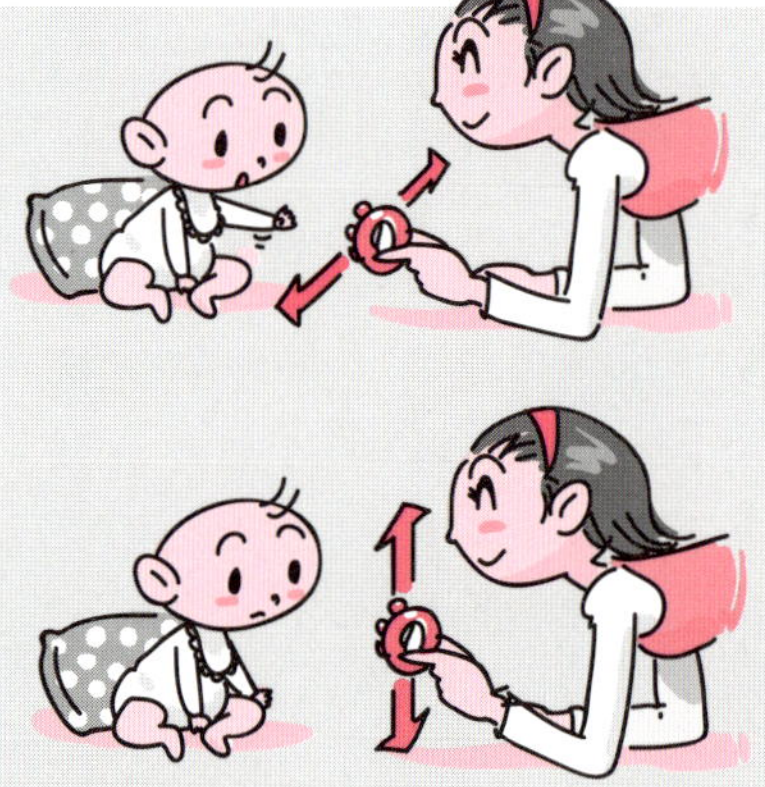

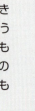

## ② いないいないばあ

身近な人の存在に興味をもつ時期。いないいないばあをすると、はじめは驚くが、そのうち相手の表情にあわせ反応するようになる。遊びを通じて、他者の存在をより明確に意識するようになる。

## ③ 隠れているの知ってます

布を使ってお気に入りのおもちゃを隠してみよう。この時期には、そこにある物は「隠れているだけで、なくならない」ことを理解できる。記憶の誕生である。4〜5か月頃まではおもちゃが消えるとすぐに布から目を離すが、月齢が上がると布をみつめる時間が長くなる。

## ④ 腹ばいで方向転換しよう

腹ばいになっている子どものうしろからおもちゃなどの音を鳴らして声をかけると、子どもは身体をひねりながら回転する。最初は振り向くだけ、次第にお尻を中心に上体をひねって回転してこちらを向き、物をつかもうとする。

## ⑤ 無表情は嫌い

相手の表情の意味がわかり、表情をまねするようになった子どもがもっとも嫌がるのが無表情。相手が無表情になると、6か月頃の子どもは不安そうな顔をし、10か月頃になると相手の機嫌をとるようになる。

## ❻ ホッピングしよう!

子どもの身体を支えて、足の裏を床につけて立たせてみよう。「ピョンピョン」などと声をかけると、リズムカルに膝を曲げ伸ばししてジャンプをするようになる。この動きはホッピング反応と呼ばれている。しばらく時間をおいて再開すると、何度でも楽しめる。

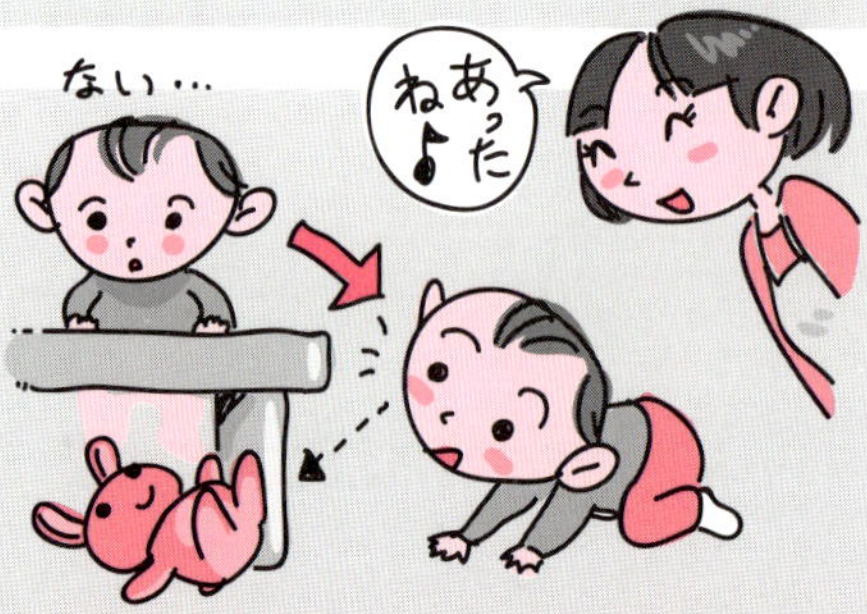


## ❽ 「ポイッ」と「ない!」

机の上に置いた物を子どもがポイッと下に落としたとき、「あ、なくなったね」と言ってみよう。そのあと下をみて「あった!」と言うと、子どもはうれしそうな表情をする。この動作を何度か繰り返したのち、落とした物を隠す、または別の物にすり替えるなどして遊びを発展させ、子どもの反応をみてみよう。

## ❼ 自分を発見!

子どもの目の前に鏡を置いてみよう。最初はじっとみて、手を伸ばして触れようとする。そして鏡に映った自分をみて「自分」を発見する。

## ❾ ひっくり返して遊ぼう

子どもが器をひっくり返すようになったら、器のなかに紙切れやブロックを入れてみよう。食事のときに、器をひっくり返すと保育者は叱る。器をひっくり返す行為を繰り返しているうちに、「遊びではよいが、食事のときはダメ」といった、使い分けを覚える。

## ⑩ 一本橋こちょこちょ

「一本橋こちょこちょ、叩いてつねって階段登って、こちょこちょこちょ」は、はじめは感覚遊びとして楽しめる。たくさん楽しんだら歌の途中で少し止まって子どもの反応をみてみよう。こちらの不意打ちに反応したら、他者の行動を予測できるようになったあかし。

## ⑪ クローバー

うつぶせ寝がしっかりとでき、両手で身体が支えられるようになったら頭を動かせるようになる。この時期はまだ「自分と物（他者）」の二項関係だが、「自分と他者と物」という三項関係による他者認知が進む遊びをしてみよう。例えば、ハイハイする子どもたち数人とクローバーの葉のように顔をつきあわせる遊びがある。

## ⑫ どこまで続く?

ティッシュ箱から、ティッシュを出して遊ぶことを覚えたら、ハンカチの端を結んでティッシュの空き箱に入れてみよう。次から次へと出てくるハンカチに子どもは魅力を感じる。ただし、この遊びは長く続かない。1枚ずつティッシュが切れるおもしろさにはかなわない。

## 成長を感じるわらべうた

わらべうたは昔から歌い、遊び継がれてきたものです。ゆったりとした子守歌と比べてリズミカルで、それにあわせた手指の遊びもテンポに緩急があり、思わず歌い、身体を動かしたくなります。いろいろなわらべうたがありますが、月齢にあわせてうまくつくられています。120〜125頁を参考に、わらべうたを楽しみながら、月齢ごとに成長する子どもの姿を感じてみましょう。

# 7～9か月—コミュニケーション能力が活発になる

発達のポイント

- 身体の移動と姿勢の保持（寝返り、ハイハイ、お座り）の完成
- 視覚機能（立体視、遠近感）の向上と手先の細かな微細運動の発達
- 認知能力の発達と運動の選択
- 他者認知と他者の意図の理解（表情認知、関係性の修復）
- 共同注意の成立
- ワーキングメモリの獲得
- 社会的参照の出現
- 積極的な自己表現のはじまり

6か月頃から少しずつ「記憶」する能力が機能しはじめます。

それ以前の子どもは、目の前にある物は「ある」し、目の前にない物は「ない」と認識します。それが、9か月頃になると、いまはみえないが、さっきまであった物を「あった」と記憶できる「ワーキングメモリ」を獲得します。ただし、この時期は短時間の出来事を記憶するだけです。

ところで、9か月頃の子どもは、おもちゃを隠す遊びを繰り返すと、物ではなく相手の顔をみて、相手の意図を探りはじめるようになります。これは、「自分と物（おもちゃなど）」や「自分と保育者」といった二項関係から、「自分と保育者（他者）と物」の三項関係による「共同注意」を獲得したためです。三項関係が成立すると物を介して他者との関係を深め、社会性を学んでいきます。

例えば、保育者がにっこり笑って「はい、どうぞ」と言っておもちゃを手渡すと、子どもは安心したように手に取る行動をします。「社会的参照」と呼ばれるこの行為は、相手の表情や態度を手がかりにして、自分の意思を決定する能力です。

明確な言語は出現しませんが、移動手段の獲得によって、積極的な探索活動、活発な自己表現をおこなえるようになります。

## ① どっちだ?

同じ色と形のコップを2つと、小さなおもちゃを用意する。片方のコップにおもちゃを隠し、次に2つのコップを紙や布で1～2秒隠す。紙や布を取り除くと、子どもはおもちゃを隠したほうのコップに手を伸ばす。ワーキングメモリのあらわれを観察できる。

## ② パラシュート反射で遊ぼう

パラシュート反射は、姿勢の変化に対して手が瞬時に出る反射運動で、身体のバランスが崩れたときに起こる。お座りやつかまり立ちをはじめる時期によくみられる。子どもはひっくり返りそうになったときに、手を出して頭を打たないように防御しようとする。

## ③ くれるの? くれないの?

社会的参照を試す遊びをしてみよう。おもちゃをみせて子どもが手を伸ばした瞬間、いじわるをしておもちゃをさっと引きあげる動作を4〜5回繰り返すと、子どもは「どうして?」と不思議そうに相手の顔をのぞき込む。相手の表情をみてその気持ちを推察し、判断の基準にしようとする行動である。

## ④ 「はい、どうぞ」の遊び

「はい、どうぞ」と言いながら、おもちゃを子どもに手渡したあと、「ちょうだい」と言って、おもちゃを手渡すよう促してみよう。向かいあった相手と物のやりとりができるようになると、言葉を獲得していなくても気持ちのやりとりが楽しめるようになる。

## 5 飛行機（高い高い）

「飛行機（高い高い）」は上下の揺れ、左右の揺れなど、子どもの感覚器官を刺激する遊びのひとつ。保育者が仰向けに寝て、足を上げて子どもを乗せ、膝の屈伸や揺れで上下左右に動かそう。

## 6 ハンカチ遊び

仰向けに寝ている子どもの顔にやわらかいハンカチをふわりと置いてみる。子どもは、心地よい感覚と、ハンカチを自分で取る楽しさ、ハンカチをとったあとに親しい人の顔が待っている期待感を味わえる。でも、子どもがハンカチをとったあとに誰もいなかったら？　遊びを発展させて、子どもの反応を楽しもう。

## 7 にらめっこしましょ

「にらめっこ」でいろいろな表情を子どもにみせてみよう。表情を理解するということは、表情の区別だけでなく、表情のもつ意味を理解するということでもある。

## 8 両手を使って遊ぼう

支え方を工夫すると、お座りの姿勢で吊るされたおもちゃを触ったり、引っ張ったり、動かして楽しむことができる。両手が自由になって、平面ではなく空間を意識できるようになる。

## ⑨ お返事できるかな?

自分が何かをみるだけでなく、誰かからみられることを意識しはじめると、子どもは自分の名前が呼ばれていることを認識する。保育者に名前を呼ばれた子どもが「はい」と言って手をあげているのをみるうちに、自分の名前を自覚していなかった子どもも、名前を呼ばれるとやがて手をあげるようになる。

## ⑩ 大好き! リズム遊び

子どもは人のまねをするのが大好き。特にリズムを使った遊びがお気に入り。「トントントン」と一緒に机を叩いたら、子どもも保育者も楽しい気分になる。上手にまねができたら「やった!」と一緒に喜ぼう。もっとも盛り上がるのが逆模倣。子どもがひとりでトントンと机を叩いていたら、そのしぐさをまねしてみよう。

## ⑪ 障害物遊び

ハイハイをはじめたら、マットや座布団を使って登り降りなどをハイハイでさせてみよう。「ハイハイ」「つかまり立ち」「座位」の姿勢変換が上手にできるようになる。状況に応じて自分の姿勢を変化させることは運動機能と行動の調節の発達に不可欠である。

## ⑫ ボール転がし大好き!

子どもは自分の力で動かせるボールが大好き。ハイハイでボールを取りに行く。ボールを投げ返してくれる人や、一緒にハイハイでボールを追いかける子どもの存在も意識する。

# 10～11か月──探索活動と他者理解

**発達のポイント**

- ハイハイと立位の完成から歩行へ
- 姿勢の変換
- 共同注意の獲得
- 言葉のはじまり
- 模倣
- やりとり遊び
- 「みる」から「みられている」へ意識の変化

ハイハイ、つたい歩きによって、自ら移動できる範囲を拡大する時期がきました。子どもは、好奇心にしたがって前へ前へと進んでいきます。

物の奥行きがかなり理解できるようになり、自分と物との距離も把握するようになります。「自分で確かめたい」という欲求がハイハイへの意欲を後押しします。

子どものハイハイを観察してみましょう。ハイハイには、ずり這い、よつ這い、高這いというようにさまざまな種類がありますが、子どもは環境や気分によってハイハイの種類を巧みに使い分けています。そこに障害物があれば、果敢に乗り越えていく。そんな場面に出合ったら、抱っこをしたり、邪魔をしたりして遊びを展開していくといいでしょう。

三項関係による共同注意もほぼ完成します。子どもは保育者と同じ物をみながら、それに対して保育者がどのような態度（声、表情、動作など）をとるか参照して、物事の価値を見出し、判断をしていきます。子どもと一緒に遊んでいた保育者が、ふと別の対象に視線を向けると、子どもは「何をみているの?」と保育者の向けた視線の先に目をやって、保育者の意図を推し量ろうとするでしょう。

また、共同注意を利用したやりとりのなかで、子どもは言葉を獲得していきます。

## 1 子どもの指さしを活用して反応をみる

この時期には、子どもも指さしができるようになる。子どもが指さした先と違う方向を向く、指さした先を無視するなど、いろいろと試しながら遊んでみよう。

## ③ 嫉妬

9か月頃にはじまる嫉妬。子どもがみている前で、子どもを無視してぬいぐるみをあやすと、子どもはどんな態度をとるだろうか。子どもが泣く、嫌な顔をするなどのタイミングを見計らって、子どもに「あなたに意識を向けているよ」というアピールをすることも忘れずに。

## ② 表情に敏感になる子ども

表情と声の出し方をちぐはぐにしてみよう。「顔は笑顔で怒った声」「顔は無表情でやさしい声」をされたら、子どもはどんな風に反応するだろう。無表情の場合は、声がやさしくても泣き出してしまうことが多い。子どもは、言葉より表情に影響されるのである。

## ④ 移動距離は自分で決める

子どもは自分の動ける範囲（距離）をちゃんと知っている、ということがわかる遊び。「おいで」といって少しずつ子どもとの距離を広げてみよう。好きな物をみせれば、子どもの移動距離はさらにのびるかもしれない。また、「この距離なら、待っていれば保育者がきてくれる」と子どもが保育者の意図を逆手にとることもある。

## ⑤ 行く手を遮られると

ハイハイで進む子どもの行く手を遮ると、最初は不思議そうな顔をするが、何度か繰り返すうちに、その道を避けて遠回りしようとする。目的物を「自分で確かめたい」という気持ちが全面に出るハイハイでは、気になるのが「物」の場合は、遮る相手とのコミュニケーションよりも、目的物に到達することを優先することが多い。

## ⑥ 再び「どっちだ?」

「どっちだ?」遊びは、5〜6か月頃に比べて自分から手を出す。また、記憶する時間も長くなるので試してみよう。10か月頃になると、物よりも話し相手に興味をもつようになって、間違えたり、答えなかったりすることがある。

## ⑦ 風船を飛ばそう

触れると予測のつかない方向に飛ぶ風船をハイハイで追いかけたり、数名の保育者が子どもを抱っこして一緒に飛ばしたり、タッチしたりすると面白い。

## ⑧ 缶や瓶のふたをクルクル回して

手首のひねりができるようになる頃の遊び。缶や瓶のふたを開けたり閉めたりするのが楽しくなる。クルクルとふたを回して、開けたり、閉めたり。これは、両手が共同して1つの仕事ができるようになったあかし。まずは両手で開け閉めできる物を選んで試してみよう。

## ⑨ 君は、誰?

鏡のなかの自分と話をしたり、鏡のなかの自分におもちゃを渡そうとしたりする。鏡をひっくり返して、急にみえなくなると自分の姿を探そうとすることもある。

## ⑩ あがり目、さがり目

表情に興味をもつこの時期の「あがり目、さがり目」は、子どもが喜ぶ手遊びの代表格である。「ねこの目」で、子どもは相手の表情を喜んでみるようになる。これと同様の表情遊びに、「にらめっこ(だるまさん)」がある。面白い表情をつくって子どもと楽しもう。

## ⑪ 新聞紙で紙吹雪

新聞紙を細かくちぎって遊んでみよう。カラーブロックで子どもを囲んで、そのなかにちぎった新聞紙を入れて紙吹雪のように飛ばすのも楽しい。ヒラヒラと舞う紙吹雪は心地よく、何度でも楽しく遊ぶことができる。

## ⑫ まねっこ遊び大好き

身体中でリズムをとって楽しむとき。「げんこつ山のたぬきさん」を部分的にまねをする。特に最後の「また明日。バイバイ」のしぐさがお気に入りの子どもが多い。

# 1〜1歳半——自我の誕生と社会の広がり

**発達のポイント**

- 移動のための運動の発達
- 言葉の獲得
- 意思を伝えて相手のサインを受け取る
- 共感の獲得と豊かな表情の表現
- 社会的参照の発達
- 道具の使用と手の操作性の向上
- 模倣する力としての「つもり」「見立て」のはじまり
- 親や保育者との世界から子どもの集団へ関心の移行

歩行が完成すると、子どもは移動によって情報を得、新しい世界に触れようとします。そして、言葉やジェスチャー、態度で自分の意思を周囲に伝えます。

「指さし」や「行って、戻る」という行為ができるようになるには、自分が得た情報を保育者に伝えるという高度な能力が必要です。

手先が器用になるのもこの時期の特徴です。道具への関心が高まり、紐通しやぽっとん落としなどの遊びがみられます。なんとか工夫をしながら、手先を使うことそのものにおもしろさを感じます。

「まね」も上手になります。ままごとのコップで飲むふりをしたり、それをぬいぐるみに与えたりします。そのうち、積み木を耳にあてて「もしもし」と言って電話をしているつもりになって遊ぶこともできます。物の名前を理解し、それを言葉で表現できるようになると、遊びの世界は一層豊かになります。

さらに、この時期は、親や保育者など大人との関係から、友だちに関心をもつ行動がみられます。自分と他者の好みの違いを理解したり、目的をもって「行って、戻る」行動をしたりして、物事の理解や既知の物事の再理解をして、言葉による交流を深めていきます。

## ① 別々だけど一緒にいるよ

つもり・見立て遊びの初期段階では、好きな遊びを個々におこなう並行遊びをすると思われがち。しかし完全に個別に遊んでいるわけではなく、背中合わせでも友だちの存在を意識している。保育者は子ども同士をつなぐ仲介者になろう。

## ② 出し入れ遊び

缶やコップに紙や物を入れたり、ひっくり返して出したりする、エンドレスの遊び。繰り返すことが好きなこの時期には、同様の行動がひんぱんにみられる。出し入れの遊びを楽しそうにしている子どもを意識して、それをじっとみている子どももあらわれる。

## ③ 積み木崩し

この時期にはしっかりと積み木をつかんで握ることができるようになる。積み木を縦に積んだり、横に並べたりして遊んでみよう。積み木を積んでは崩す、という遊びを繰り返して楽しむ姿がみられる。

## ④ ミニカー大好き

ミニカーを自分の手で動かして、それを楽しむのもこの時期。保育者が拍手をして「すごいね」「自動車、かっこいいね」などと喜んでいるのをみるうちに、保育者の喜ぶ顔をみては拍手を求めるようになったりする。認められると、喜びを表情や身体で表現する。

## ⑤ なぐり描きを楽しもう

道具の使用と操作性の向上を楽しむ時期なので、クレヨンと大きな紙を用意してなぐり描きを楽しもう。まずは色をひとつ選んで紙に描き、「次は赤ね」と色の表現で楽しむのも良い。この時期の描画活動では、子どもは教えられて描くというよりも、「これ（ペン）はこうする（書く）物だ」といった物の理解と、手先の操作性の調整がうまくいくことが重要である。

# 1歳半〜2歳半——友達関係のはじまり

**発達のポイント**

- 自我の拡大
- 相手の欲求の理解
- つもり・見立てから、ごっこ遊びへ
- ほめられることを喜ぶ

自我が強くなり、自己主張が目立つ時期がやってきました。やりたいのにうまくできない子どものイライラを受け止めて、「自分でできた」という達成感を味わわせる手助けをしましょう。

自我の確立とともに、自分と他者の好みの違いを理解します。「私はそれが好きだから、ちょうだい」と言って手を出すと、子どもは自分が嫌いな物でも、相手が好きな物なら手渡すようになります。「どうぞ」「ありがとう」などのやりとりをして、会話や人間関係のルールを知らせましょう。

つもり・見立て遊びでは、子どもが十分にイメージをふくらませられるように、時間に余裕をもって、子どもの動作を言葉にしたりヒントを与えたりして、遊びが深まる支援をしましょう。それまで楽しんでいた模倣は、同じやりとりの繰り返しから、変化を楽しむようになります。思い通りにならない反応を喜び、相手をからかう高度なかけひきの態度も身につきます。

1歳半を過ぎるとずり這い、ハイハイ、つたい歩きなどの移動を伴う運動が淘汰《とうた》されて新しい運動が出現しなくなります。むしろ、姿勢を保持するなど身体のコントロールに重点が置かれます。

片足けんけん跳びが完成するのは3〜5歳と言われていますが、同じ場所で同じ姿勢を保持するには集中力と感情のコントロールが必要です。

6歳以降の就学期により洗練された動きを獲得するためにも、この時期までにいろいろな動きを経験し、身体の軸をつくっておくことが大切です。

## ① グルグル渦巻きを描いてみよう

クレヨンで、紙にグルグル渦巻きを描いてみよう。渦巻きを描いても、例えば洗濯機やかたつむりに見立てる段階にはないが、抽象的な模様を何かに見立てるイメージが頭のなかでできることが大切。また、いろいろな色のクレヨンを使って色の違いを楽しもう。

## 2 押し相撲

姿勢の保持や立て直しとともに、相手とのやりとりを楽しめるのが押し相撲。タイミングをずらしたり、力加減を変えたりしてかけひきを楽しもう。

## 3 ボールで遊ぼう

最初は子どもの手元にボールをきちんと投げる。慣れてきたら、少し遠くに投げたり、違う方向に投げたり、投げるふりをして投げなかったりなど、さまざまな変化球を投げてみよう。

## 4 つもり・見立て遊び

保育者が、言葉や道具を使って支援すれば、何かになった「つもり」になって遊べることもある。

## 5 サクサク野菜が切れるよ

マジックテープであわさっている野菜のおもちゃがある。マジックテープのところをおもちゃの包丁で切ることができる。おもちゃの野菜をサクッと切ってお皿に盛り、料理のつもりで遊んでみよう。2〜3歳頃になると、本格的にお母さんや赤ちゃんになったごっこ遊びができ、役割とルールを理解しはじめる。

# 積み木遊びと発達

小さな積み木を使って、子どもがどのように積み木を認識し、遊びを変化させていくのかをみていきましょう。最初は、積み木の存在に興味をひかれてながめます。そして、実際に触ったり、なめたりして触感を楽しみます。次第に積み木を動かして、音を立てたり、何かに見立てて遊ぶようになります。たった1つの積み木ですが、積み木を使った遊びは、積み木を仲立ちとした他者とのコミュニケーションに発展していきます。

## 首がすわる頃まで

生後まもない新生児でも、2つの積み木をやさしく打ち合わせて音を出すと、音に気づく。

積み木を子どもの目の前で（30cmほど離して）ゆっくり動かすと、その動きを視線で追うことがある。

首がすわる頃、膝の上に抱いて、積み木をゆっくりと動かしてみよう。上下左右に動く積み木を目で追いかけたり、左右の動きには手を出すこともある。

## お座りの頃 I

子どもの前で、2つの積み木を打ち合わせてみよう。積み木をじっとみて、そのうち自分でも打ち合わせるようになる。音、感触を一緒に楽しもう。

把握反射を使って、自分から積み木を握るようになる。

積み木を両手に持ったり、持ち替えてながめたり、なめたりして、積み木の色、形状、かたさ、味、手・舌触りを調べる行動があらわれる。

少し離れたところに積み木を置いてみよう。手を伸ばして取るようになる。取れたときに、言葉をかけてみよう。

# お座りの頃 II

椅子に座りながら手に持った積み木をわざと下に落とす遊びをする。拾って、何度も繰り返し遊べるようにしてみよう。

積み木を落とすときに、クッキーの缶などで受け止めると、音の楽しさが倍増する。いろいろな素材で一緒に楽しんでみよう。

「ちょうだい」と言葉をかけてみよう。最初は、手を伸ばすだけですぐに引っ込めてしまうが、そのうち手に持った積み木を手渡ししてくれるようになる。繰り返しやってみよう。

積み木を落としたときに、子どもの顔をみながら「あーあ」と言うと、同じように「あーあ」と言って保育者の態度を確かめるようになる。

## 歩行がはじまってから

積み木を「もしもし」などと言って電話をしているふりをすると、同じ動作をするようになり、保育者と見立て遊びができるようになる。いろいろな物を使って、つもり・見立て遊びができるようになる。

歩きはじめると、手に持った積み木をいろいろな人に手渡しするようになる。誰かに「はい」と言って渡し、そのやりとりを楽しむようになる。途中で別の遊びをしても、また思い出したようにやりとりをする。

保育者が積み上げた積み木を崩して遊ぶ。

積み木を横に並べるようになる。保育者が電車に見立てて「ガタンゴトン」と声かけしながら積み木を横に移動させると、同じようにまねる。車掌さんをまねたり、いずれさまざまなごっこ遊びへと発展していく。

自分で積み木を積み上げたり、崩したりすることを飽きずに続ける。

# 散歩のしかた

## 散歩で大事なこと

0~2歳までの散歩の基本は、他の保育活動と同じです。

保育者が率先して子どもの注意を周囲に向けさせるというよりは、子どもが自ら五感を用いて周囲の物や人に意識を向け、はたらきかける機会を与えましょう。

保育者はそこでおこった子どもの反応を的確にとらえ、確認や共感といったリアクションをおこすことが大切です。子どもは環境に置きさえすれば何らかの反応を示し、行動をおこします。

保育者が感じたからといって、すぐに言葉に置き換えたり、注意を向けさせたりするのが良いとは限りません。「あれをみようね」「これも……」と矢継ぎ早に言葉をかけなくても、子どもは自由に世界を探索しています。状況づくりをおこなったあとは、子どもの自然な反応を感じて心地良い応答を心がけましょう。

散歩の道程や目的地に到着したあとの活動内容は保育者が設定します。

例えば、9か月頃ならハイハイやたっちが可能ですから「散歩をつうじてさまざまな姿勢の変換が獲得される」というねらいを保育者自身が考えたいところです。

しかし、散歩という活動の「中身」については、子どもが偶発的におこす反応に保育者がその都度自由度を広げて応答するのが望ましく、自然発生的な子どもの発信に主導権は委ねたいものです。

## 保育室と異なる散歩のメリット

では子どもにとっての、散歩のメリットはどこにあるのでしょうか。

乳児の散歩は、保育というよりも気分転換に近いものとして認識されがちですが、それだけではありません。散歩が保育室での遊びともっとも違うのは、自分が移動する、あるいは保育者の手を借りて移動することで、みている風景がダイナミックに変化することです。

大人と違って背の低い子どもの目線で考えると、保育室での環境も変化はしますが、限定的です。

それに比べて外での散歩は、自然に触れるだけに不確定要素も多く、自分（子ども）と他者（保育者）の感受性がより密にぶつかり合い、共感をうながすチャンスが多いものです。

保育者発信による一方通行の保育・援助だけではもったいない、というわけです。

外の世界にあふれるさまざまな人や物を心の赴くままに自らつかみ取る経験。これが室内にまさる散歩のメリットです。そこに少しの工夫と共感してくれる保育者の存在があるだけで、散歩の良さは最大限に引き出されます。自力での移動はおぼつかない月齢でも、他者の力を借りることで動的に変化する光景を目にすることができます。

# 月齢発達別に考えたい散歩のしかた

## 1(2)~4か月

バギーや抱っこでの散歩になる。視界に入る1つひとつの風景は連動せず、場面を切り取って認識するだけだが、室内や静止の状態とは違った感覚を楽しむことができる。4か月以降は「自分から」周囲を見回したり、音のする方向に顔を向けたりするなどの活動が豊かになる。子どもが周囲の物に目を向けたら、表情や声で反応しながら、ゆっくりと散歩をしよう。

## 5~9か月

みている風景を流れのあるものとして理解しはじめる時期。散歩コースは毎日ほぼ同じにするのが望ましい。おんぶ、抱っこ、バギーなどいろいろな状況で外界が感じられるように工夫したい。子どもの表情をみながら、興味を示した物に対して子どもにあった声かけをし、共感を引き出そう。散歩をとおして自ら外の世界(自然物、保育者、他児、道行く人)にはたらきかける力を育むことができる。

## 10か月~1歳頃

自分で移動する力がつきはじめ、共同注意も成立するので、小さな目標を立てるなど、散歩を充実させることが大事。目標に向かって移動できるように、個々の力にあわせて保育・支援をする。子どもの反応には敏感に応答したい。

## 1歳~

1歳をすぎると、次におこることを予測したり、変化に気づいたりすることができる。例えば、いつも通る散歩道にいるはずの犬がいない、昨日まで閉じていたつぼみが咲いているなど、変化に気づく子どもの気持ちに寄り添いたい。また、少し立ち止まって自然物(砂、土、水、石、草花)に触れて喜びや驚きを体験させよう。

# 胎児期

胎児は、無の状態から脳を形づくりながら、機能を創造している。それとともに、生後の生活に必要な五感（触覚、味覚、嗅覚、聴覚、視覚）を発達させ、味覚や聴覚を通じて外界からの刺激を受け取っている。また、生後に必要な反射運動を胎内で繰り返し試している。例えば、胎児の顔の筋肉の動きは、生後の表情によるコミュニケーション手段として非常に重要となる。

保育・支援のポイント

## 胎児は自ら成長・発達する力をもつことを知ろう。胎教より規則正しい生活習慣を。

### 保育者自身の体調管理に気をつけよう

つらい妊娠期間中に、常に幸せな気分でなければ胎児に悪影響を及ぼすというプレッシャーは不要である。適度な運動を心がけて、ゆったりと過ごすよう伝える。

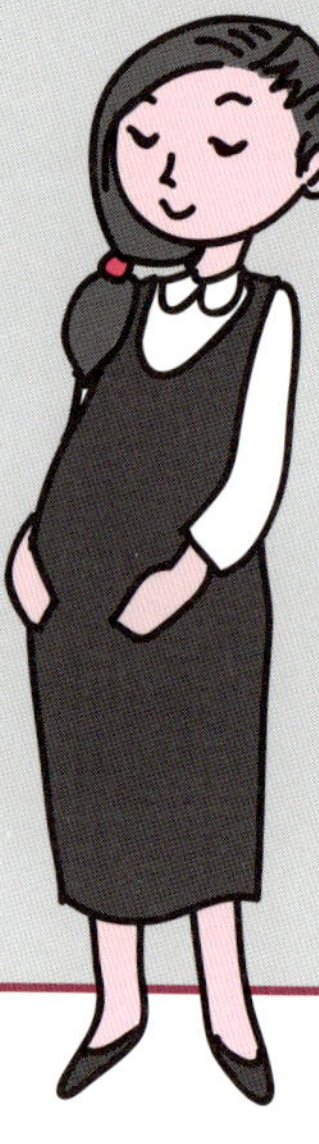

### 胎教の知識は正しくもとう

胎児は、外界に出て１人で生きていくために必要な、聞こえてくる音を聞き分け、多彩な運動をおこなう素晴らしい能力をもっている。これらの能力が外からの刺激で向上できるかどうかは科学的には立証されていない。胎教が胎児に良い影響を与えるのか、悪い影響を与えるのかさえわかっていない。自然な気持ちで胎児の成長を喜び、10か月間を健康に過ごすことが第１優先となる。

# 誕生～1か月

1日の多くを眠って過ごしている。起きている時間は、胎児期に培った微笑や嚥下などの反射運動を利用して、保育者からの支援を引き出している。この時期の感覚機能は、触覚と嗅覚の刺激が中心で、母乳とミルクのかぎ分けができる。ゆっくりと動く物なら目で追いかけることも可能。起きている時間は、小声で話しかけたり、顔に触れたりしてスキンシップをはかろう。

保育・支援のポイント

## 声や匂いを区別できる。追視もはじまるので反応を楽しもう。

### 顔まねをコミュニケーションとして楽しむ

機嫌が良く、タイミングがあえば、目の前にいる人の表情をまねすることがある。舌を出したり、大きく口を開けたり、口をとがらせたりして、コミュニケーションを楽しんでみよう。

### 抱っこは「習う」より「慣れろ」

身体に不自然な力を入れて抱っこをしていると、肩コリや腕の痛みの原因となりやすい。抱っこは技術より「慣れ」である。はじめは恐くても繰り返し抱っこをして慣れることが、抱っこ上手への早道となる。

### 適度にスキンシップを楽しもう

子どもが泣く、笑うなどして「求められている」と感じたときは、優しく声をかけて自然なスキンシップを楽しもう。

# 2〜4か月

反射運動が減退し、意図的に動く随意運動が多く出現する。五感は触覚から聴覚へと中心が移りつつある。首がしっかりとしてきて、追視や、物をつかむリーチングも可能になる。目と手が協調することで実現するリーチングは、子どもの運動や知覚の発達を実感させる。

保育・支援のポイント

## 子どもの意図が出現する時期。子どもの反応をよくみて対応しよう。

### 子どもの能力をいかした遊びをしているか

子どもの目の前に物を置くと、手を伸ばして取ろうとする。予測する力もはたらきはじめるので、左右から物を近づける遊びをしてみよう。左からきた物には右手を、右からきた物には左手を伸ばす。

### テレビの視聴に注意を

1〜3か月頃に子どもの視覚行動は劇的に変化する。とくに2か月頃は目の前に物があるとそれをじっとみつめる「強制固視」がおこる。鮮やかな映像が目まぐるしく映し出されるテレビは、好むと好まざるとにかかわらず見続けてしまうので注意したい。

### 動きに意図が感じられたら呼吸をあわせてみて

子どもの意図にあわせた反応をしよう。例えば、衣服の着脱をおこなうとき、子どもの動きを利用して保育者の手の動きや力加減を調節すると良い。身体と気持ちのリズムをあわせながら日常生活の動作を一緒におこなってみよう。

# 5〜9か月

この時期の前半には、立体視や遠近感の獲得など、視覚機能が顕著に発達する。同時に、手先の動きも少しずつ器用になる。共同注意とワーキングメモリが芽生えることで、他者理解が少しずつ進む。寝返り、ハイハイ、お座りなどの獲得で身体の移動と姿勢の転換ができ、子どもが目にする世界は劇的に変わる。

保育・支援のポイント

## 心身の機能が著しく発達する。遊びのバリエーションを増やして楽しもう。

### 発達の状態を考慮して遊びを提供しているか

立体視や遠近感を獲得する時期。視覚と手先の運動の協調を利用した遊びを考えよう。物の上下の動き、遠近の動きに反応できるので、物を前後に動かしてみたり、動かす速度を変えたりして遊んでみよう。

### 保育者は自分の表情に無関心になっていないか

子どもは、保育者のまねをしたり、気持ちを読んだりするようになる。子どもにとってもっとも嫌な顔は無表情。６か月頃には無表情の意味を理解して不安そうな顔をする。９か月を超えると子どものほうから機嫌をとるようになる。保育室が安心して過ごせる場所となるように、保育者はまず自分の顔が無表情になっていないか気に留めよう。

# 10〜11か月

ハイハイと立位が完成し、歩行がはじまる。それと同時に言葉の獲得に向けて一歩踏み出していく。自分が人や物を「みる」だけでなく、相手に「みられている」ことを意識する時期。移動による探索活動と他者理解が進み、模倣ややりとり遊びも盛んになる。こうした遊びをみていると、子どもの共同注意やワーキングメモリが発達していることを実感できる。

保育・支援のポイント

## ハイハイ、立位、つたい歩きが完成する。姿勢の変換が自由にできる遊びの工夫を。

### 言葉と表情を一致させて善悪を伝えよう

自分がみるだけでなく、相手にみられていることを意識しはじめるので、遊びを通して物事の善し悪しを伝えるには最適な時期。声と表情を一致させて、物事の善悪を伝えることが大事。

### 発達の状態にあわせて姿勢の変換を工夫しよう

歩行に向けた運動機能が活発になる時期なので、抱っこをするだけでなく、膝の上に乗せて向かい合って座る、一緒にハイハイをしてみるなど、姿勢をさまざまに変えられる遊びを工夫しよう。

### 遊びは逆方向とセットで、と覚えておこう

子どもに「ついておいで」は保育者がよく使用する言葉。その反対は「一緒にあそこに行こう」。「まねをしてね」のときは（子どものまねをしながら）「あら楽しそうね。まねしてみようかな」。「ちょうだい」「どうぞ」など、子どもとの遊びは逆方向とセットで考えるとバリエーションが増えて、コミュニケーションの幅が広がる。

# 1～2歳

相手の意図や感情を理解し、自分の行動を調節する高度な能力も身につきはじめる。つもり・見立て遊びが成立するとともに、1歳半以降はごっこ遊びに没頭していく。親や保育者といった対大人の世界から、友だちの存在に関心が移るようになり、自ら遊びを工夫する時期でもある。

保育・支援のポイント

## 子ども同士をつなげる遊びを考え、集団を見守る。

### 手の操作性の向上

手指の機能が向上し、道具を扱えるようになってくる。クレヨンなどを持たせて、紙に描く体験などをはじめよう。

### 子ども同士の遊びをさりげなく支援しているか

歩行や言葉の発達とともに、子どもはほかの子どもを意識して遊びを展開するようになる。対大人の世界から、友だちの存在に関心が移る時期。遊びを通じて子どもが自立できるように、保育者が自覚して保育を実践しよう。

# 現場の悩みに答える! Q&A

## まだ会話はできないけれど、子どもとコミュニケーションをとりたい

**Q** **言葉の話せない時期の子どもの気持ちを知る方法はありますか。**

**A** 例えば、新生児微笑は反射的なもので、快不快の感情を伴うしぐさではないと考えられています。しかし、子どもが口元をゆるめたらそれだけで幸せな気分になります。この時期はこうした誤解を楽しむ余裕も必要です。子どものしぐさを観察してメッセージを読み解きましょう。

## 描画はいつ頃から?

**Q** **1歳すぎの女の子です。クレヨンを用意しても口に入れるだけです。描画をはじめるには何歳くらいが適切でしょうか。**

**A** 1歳すぎでは口なめが多く、「描く」というスタイルが確立していませんね。最初はクレヨンで紙をトントンと叩くだけですが、保育者も動作をまねてみましょう。子どもが叩いていて偶然線のようなものが描けたら、その瞬間を見逃さずに「あら?」と声を出して子どもの顔をみてみましょう。「描く練習」ではなく、あくまでも「偶然できた動き」を自然な形でとらえるのがコツです。

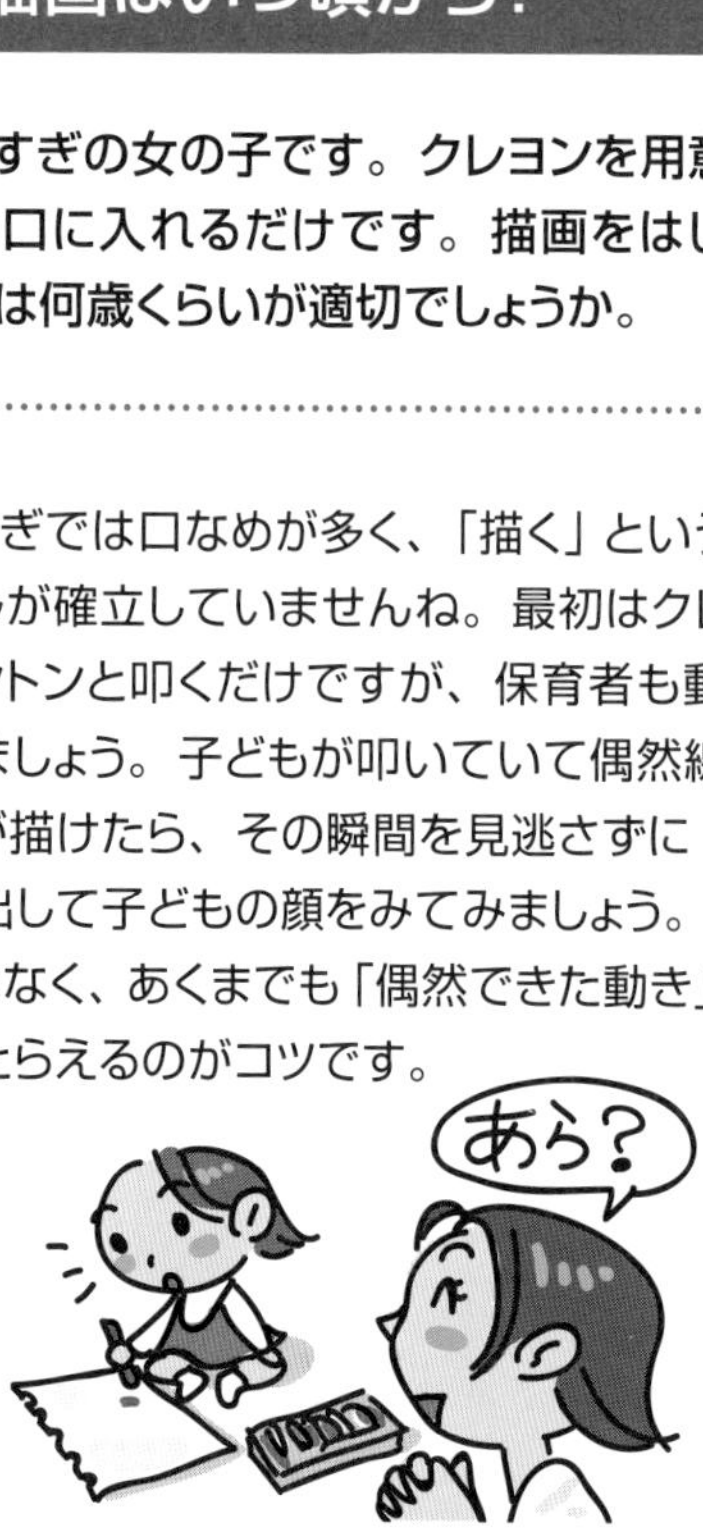


## ハイハイを工夫したい

**Q** **先輩の保育者から子どものハイハイの仕方を工夫して、と言われました。そもそもハイハイはどのような視点でとらえれば良いのでしょうか。**

**A** ハイハイは両手足を交互に前に出す、頭を上にあげるなど、複雑な運動能力が協調して行われます。他の運動機能もそうですが、「できるかどうか」だけに着目するのではなく、ハイハイの姿勢から立つ、立ち姿勢から座位になってハイハイをするなど、生活動作として総合的にとらえることが大切です。ポイントは、「姿勢の変換」です。さまざまな姿勢の変換が可能になる遊びを工夫してあげてください。子どもは「動くこと」で学びます。

## 手遊びを嫌がる子

**Q** **皆が喜ぶ手遊びを嫌がってしません。どうすれば一緒に楽しめますか。**

**A** 手遊びをしているとき、その子はどんな表情をして、どんな身体の動きをしているでしょうか。口元がゆるみ、身体が少しでも揺れているようなら、保育者のする遊びに興味はあるのでしょう。身体が硬く、あまり動いていないようなら、子どもが興味をもてるまで様子をみてください。また、保育者の手遊びをみて楽しいと感じていても、すぐに自分でやってみようという気持ちにならない子もいます。子どもの動きを観察して、タイミングよく試してみましょう。もしくは、歌や手ぶりの正確さにはこだわらずに、まずは子どものしぐさのまねをしてみましょう。

## 言葉かけが多いのは悪いこと?

**Q** **先輩の保育者から、子どもに対する言葉かけが多いのでは、と言われました。**

**A** 言葉かけが少ないと、子どもの言葉の手本になれませんし、逆に多すぎると、どれが重要な内容なのか伝わりづらくなります。言葉をもたない月齢の子どもと接するときは、言葉の使用は「短く、正確に」が基本です。むしろ「言葉以外の方法」で子どもとコミュニケーションを楽しんでみてはどうでしょうか。言葉以外の方法はたくさんあります。表情、模倣、音。まずは動作をするときに「呼吸」をあわせてみましょう。これもれっきとしたコミュニケーション・ツールです。

## 子どもが喜ぶ絵本を知りたい

**Q** **言葉の獲得の促進につながれば、と絵本の読み聞かせに力を入れています。どのような絵本を選べば良いのでしょうか。**

**A** 絵本は「絵本を通じて保育者と子どもの気持ちのやりとりをすること」が目的です。保育者の語りかけに対する子どもの応答を待つことが大切です。双方向のやりとりが言葉の獲得をうながしていきます。まずは何を伝えたいか、その子どもが理解しやすい言葉はあるかなどを視点に絵本選びをしてみてはいかがでしょうか。子どもに絵本を選ばせるのも良いでしょう。

## 参考文献【第2章】


- 小西行郎『赤ちゃんと脳科学』集英社新書、２００３年
- 小西行郎編著『今なぜ発達行動学なのか』診断と治療社、２０１３年
- 小西行郎・小西薫『赤ちゃんの遊びＢＯＯＫ』海竜社、２００６年
- 迫田圭子他、社会福祉法人あすみ福祉会茶々保育園グループ編『見る・考える・創りだす乳児保育─養成校と保育室をつなぐ理論と実践』萌文書林、２０１４年
- 橋元良明「映像メディアと脳　テレビ映像の大脳生理学的アプローチ」『マスコミュニケーション研究』日本マス・コミュニケーション学会、Ｎｏ.４６、１９９５年
- 「赤ちゃんをもっと知るために　発達段階がわかる赤ちゃん学的保育実践」『保育ナビ』２０１２〜２０１３年

第3章

# 音楽

第1節　基礎知識

第2節　保育実践

第3節　プラスαの知識

第4節　発達からみる保育のポイント

# 聴力の発達

## 胎児の聴力

胎児の聴覚は、受精7か月頃にはその機能が完成すると言われています。出生までの半年近く、胎児は、母親の声ばかりでなく、母親の血流の拍動音、腸が動く音、音量は減るものの外界からの伝搬《でんぱん》音など、多種多様な音を聴いて過ごします。ただし、胎内は羊水に満たされていますから、胎児が聴く音は、鼓膜から音が伝えられる成人の聴こえとは大きく異なり、骨伝導を中心とした振動による伝搬と考えられます。

最近の研究では、胎児と母親の心臓が刻む拍動のリズムが同期することも明らかにされ、出生後の新生児は母親と自身の拍動を十分に感じながら生育していくことになります。

## 新生児・乳児の聴力

生後6か月間で、子どもの聴覚器はさらに発達し、大人と遜色ない聴こえに近づきます。

1種類だけの音の波でできた「ピー」という単純な音（純音）を使って、周波数の聴き分けを調べた実験では、乳児でも成人並みの聴力を発揮することが明らかになりました。音の強さ（大きさ）についても、新生児でも成人と同様の反応を示すことから、外界から聴こえてくる音の強さを内耳で感知するレベルは成人に近いとされています。

しかし、未熟な部分もあります。途切れを入れた音を聴かせ、それに反応する力を計測した研究では、高い音については1か月児でも識別できるものの、低い音では1歳児でも識別できないことがわかりました。

つまり、音の高さや強さの違いを識別する力は、生後半年までに整うものの、それは1種類の音波からなるシンプルな純音に限られ、リズムを感じる基礎となる音の途切れを処理する力は、発達途上の可能性があるのです。

## 子どもの聴力の特性を保育にいかす

Werner ら（2010）は、乳児を使った実験研究のなかで、子どもと大人の音の聴き取り方の違いを明らかにしています。

実験によれば、乳児は、静かな環境では2つの純音を「違う音」として聴き分けることができるのですが、そこにほかの音を加える（雑音を入れる）と、純音の聴き分けができなくなりました。

つまり、乳児には、私たち成人の聴き方と違って、ザワザワした環境のなかでは「自分に必要な声や音だけ拾って聴く能力」が備わっていないことを示しています。

この節では、子どもの聴力の特徴を詳らかに解説します。保育者は、ここで得た知識を、子どもへの声かけ、保育活動における適切な音環境にいかしましょう。

## 1 胎児期

胎児の聴覚は受精7か月頃に完成すると言われている。出生までの約半年間は、明瞭でないが母親の話す声のイントネーション（抑揚）やリズムを聴いている。周囲の人の声も、音量は小さいが届いている。

胎児の聴覚は妊娠中期にほぼ完成する。胎児は母親の声や周囲の音を聴いている。

## 2 誕生〜1か月

胎児期に聴いていた母親の声を直接聴く時期。一番慣れた母親の声がするほうに顔を向けて聴くようなしぐさをみせる。頻繁に泣くが、聴力は鋭敏なので静かな環境が必要。

聴き慣れた声に反応する。
名前を呼ぶと視線をあわせようとする。

## 3 2〜3か月

1か月頃に、喃語の出発点である「アー」や「ウー」というやわらかい声が出る。2か月以降は喉頭の位置が徐々に下がりはじめ、声を出すための筋肉の動きも良くなって、キーキー声やブツブツ言う低い声も出る。

口腔の拡がりと筋肉の発達によって、発声音が徐々に変化する。

## 4 4〜6か月

シンプルな手遊び歌を聴くと、それにあわせて手を叩こうとしたり、スプーンで机を叩くなど音を楽しむ。首がすわるので、物をつかむ、振るなど、したいことができる。

意思が明確になり、遊び歌や、音の鳴るおもちゃをいろいろと触ったりして喜ぶ。

## 5 7〜11か月

まず「ばばば……」という長い繰り返し音の反復喃語が出現する。これが単語のような短い音の喃語に変化する。「アジャ」「アダッ」「ダーダ」といった発声ができるなど、音の要素やリズムが増える。

自分が出した声を聴くようなしぐさをして、1人で声を出して遊ぶ。

## 6 1〜2歳

歩行による移動で、物に触れたときに出る音に興味をもつ。思いがけないところから思いがけない音が聴こえると、保育者に指し示す。五感を駆使して楽器の音を楽しむ。気に入った発音を繰り返す。

自分なりの方法で音と触れ合おうとする。
初語から次第に語彙が増える。

# 音・声・音楽を聴くことで大切なこと

## 子どもと大人の聴力の違いを知ろう

視力と違って、子どもの聴力についてはまだあまりよく知られていません。そのため、保育の場ではときに、子どもがどんなふうに音を聴いているのかについて、無頓着なケースがあるようです。

子どもの聴こえの状態は、成人と比べてとても未熟です。とくに、複数の音を同時に聞く際に、そのどれもが音として聴こえてくると考えられています。

Coch ら（2005）が脳での反応を調べた実験では、両耳にそれぞれ異なった音を提示すると、子どもは片方の音だけに注意を向けることができませんでした。この「音を選択的に聴取できない」という聴き取り方の違いこそが、子どもの聴力の一番の特徴と言えましょう。

実際、最新の聴力研究では、「周波数が複数ある場合も、高さが変化する場合も、どちらも乳幼児にとっては急に難題となる」（嶋田 2016）ことが明らかです。

子どもと大人の聴力の最大の違いは、日常生活にあふれる多種多様な音を受け止める、その機能の程度にあるのです。

## 子どもは聴きたい音だけ選んで聴くことが苦手!!

必要な音だけを選択して聴く現象を「カクテルパーティ効果」と呼びます。これは、大人数の人が談笑している雑踏のような場で、周囲の雑音のレベルがかなり高いにもかかわらず、自分の相手とする人の声がきちんと聴き取れるという現象です。

私たち大人は、例えば地下鉄の車両のなかがどんなにうるさくても、一緒にいる友人と会話をすることができます。逆に、自分に向けられた言葉でも、「聴きたくないこと」であれば耳に入れない、つまり無視することができます。ＢＧＭを聴きながら、勉強に集中することだってできるでしょう。

これに対して子どもは、脳の聴覚情報の処理が未発達で、音の選別がまだうまくできません。そのため特定の音だけを拾って聴くことも、逆に聞き流すことも苦手です。子どもの聴覚が実際に機能するには生後半年ほど必要です。さらに、生活に即した実践的な能力として機能するには数年の月日を要します。

では、保育室で「必要な音」を選ばずに「すべての音」を聴くとどうなるでしょうか。

保育室が、常に音楽や子どもの声で充満し、騒がしいとしたら？　複数の保育者が、1人の子どもに矢継ぎ早に話しかけているとしたら？　その状況は、子どもたちにとって、とても負荷のかかる環境や行為である可能性が高いのです。

保育者は、まず子どもの聴力に関する正しい知識を得ること。そして、その聴力を考慮した音環境を意識しましょう。

# 子どもと大人の聴こえ方の違い

子どもは保育者が気づかない小さな音やわずかな音色の違いも聴いている。そのため、いくつもの音や声が重なる喧騒の場所では聴きたくない音でも聴いてしまう。「カクテルパーティ効果」、最近は「カフェ効果」とも呼ばれる能力を獲得する前の子どもの聴覚特性を正しく理解し、保育にいかすことが大切である。

## 子どもにはない「カクテルパーティ効果」とは？

賑やかなパーティの席でも、どこかから自分の名前が呼ばれると、声がした方向を向いて相手を探すことができるように、周囲にあふれる多様な音のなかから、自分が聴きたい音だけを選んで聴くことができる現象。カクテルパーティ効果が可能な成人は、例えば電車や喫茶店などの雑踏で、周囲の雑音を無視して話し相手の言葉だけを聴き取ることができる。

### 乳児の聴こえを想像してみよう

どんな小さな音でも
周囲の音のすべてが聴こえる
（聞き流せない）

自分に必要な音だけ選んで
聴くことができない

## やってみよう！ 声かけはていねいに、はっきりと、穏やかに

乳児は複数の音から聴きたい音だけを選んで聴くことが難しい。複数の保育者が同時に話しかけることはせず、1人の保育者が、言葉を1つひとつ届けるように、ていねいに、はっきりと、そして穏やかに伝える配慮をしましょう。また、口の動きもみせることで、伝えたいことを確実に伝えることができ、子どもも安心して聴くことができます。

# 耳のしくみ

## 音が聞こえる耳のしくみ

　１０１頁の図で示した人の耳の構造図を参考に、音の伝わり方をみていきます。

　まず、音を集める役割をする耳介《じかい》に音が届くと、音（空気によって伝えられた音波）は外耳道《がいじどう》を通って鼓膜を震わせます。その振動が中耳《ちゅうじ》にある耳小骨《じしょうこつ》（つち骨、きぬた骨、あぶみ骨）を振動させ、さらにリンパ液で満たされた蝸牛《かぎゅう》の前庭窓に届きます。蝸牛の内部では、びっしり生えた有毛《ゆうもう》細胞が、振動をそれぞれ異なった高さの音として感知します。

　感知した細胞ごとにその分析結果が脳の聴覚野に伝わり、聴覚野はその情報を音や言葉をつかさどる脳の部分に伝えます。脳内での音や音楽などの処理は複雑で、大脳皮質の知覚中枢がかかわっています。

　人の耳は、こうして聞こえてきた音がどのようなものであるかを伝え、私たちは認識することができるのです。

　普段の生活でなにげなく音や音楽を聞いている私たちですが、その機能を担う耳は、外界からの複雑な音を受け止めて分析し、その結果を脳に届けるという、とても精巧なしくみとはたらきをしていることに改めて驚かされます。

## 大音量への注意を

　子どもの聴覚の発達過程が音環境とどのように関係しているのかは、これからの研究課題です。現時点では、聴覚器官のなかでも内耳の蝸牛の内部にある有毛細胞はとても繊細で、大きな音や強い音を定常的に聞きつづけるとダメージを受けやすいことが判明しています。

　子どもの健やかな聴力を育むうえで、もっとも注意したいことは、テレビやパソコン、ゲーム機、身近なおもちゃなどから常に音が流れている環境にしないことです。情操教育にと、クラシック音楽や子ども向け音楽を流しつづけることにも注意が必要です。繰り返し述べているように、私たち大人は習慣的に聞こえる音を「聞き流す」ことができますが、子どもは周囲にあるすべての音を聴いてしまう能力をもっています。

　この大音量について、１９９９年にＷＨＯ（世界保健機関）専門委員会から出された「環境騒音のガイドライン」によると、「学校及び幼稚園」では「授業中の暗騒音（註）はLAeqで35dB以下に留めるべきである」ことが求められています（幼稚園での睡眠時間帯にも適用）。

　乳児期の聴覚についての研究は、男女差があることもわかっています。保育者は、保育中に聴力損失を招くような活動がないようにするとともに、睡眠時間中の音環境にも注意を払うことが必要ですし、大人と子どもでは耳の位置（高さ）が異なっていることへの配慮も必要です。

（註）暗騒音とは、対象としたある騒音がないときの騒音を言う。１４１頁の上図から最小値でも35dBに近づくのは13時～14時半の間である。

# 耳の構造と聴力のしくみ

人の耳は、外界から届く複雑な音を受け止めて処理し、音響分析してその結果を脳に届けるはたらきをしている。

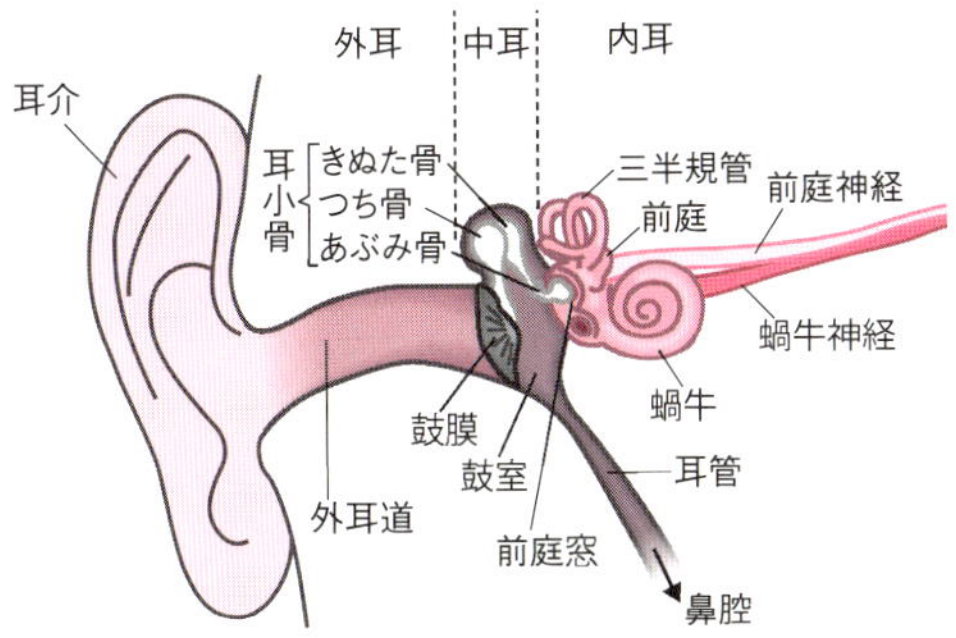


### 内耳・脳

空気の振動を、脳が処理できる電気信号に変換する。「蝸牛」の内部はリンパ液に満たされていて、有毛細胞がリンパ液を振動させて音の高さの違いを感知する。音の分析結果は大脳の聴覚野に伝わり、音や言葉をつかさどる部分に伝わり、ようやく音の内容が認識される。

### 外耳

「耳介」で音を集め、空気による音波で「鼓膜」を震わせる。

### 中耳

「鼓膜」から伝わった空気の振動（音）を「内耳」に伝える。このとき、耳小骨は、振動が内耳に伝わりやすいように音波を増幅したり、内耳に衝撃を与えるような大きな音を適切に弱めたりして内耳を守る。

# 大音量、長時間視聴に注意

内耳の蝸牛の内部にある有毛細胞は、大きな音や定常的な強い音にダメージを受けやすい。保護者と連携して次の場面に注意し、「耳の休息時間」を設けよう。

| | |
|---|---|
| テレビ、パソコン、ゲーム機 | もっとも気をつけたいのがテレビ、パソコン、ゲーム機の大音量。これらのオーディオ機器から常に音が聞こえる音環境にしないことが大切。 |
| エアコン | 音が気になるほど大きいときは、メンテナンスが必要である。 |
| おもちゃ | おもちゃの音が常に聞こえる室内環境は、改善が必要である。 |
| 音楽 | 子どものために選んだ曲であっても、音楽を流しつづけるのは適切ではない。 |
| 言葉・コミュニケーション | 子どもの耳元で、大声で話す、笑うことは控えよう。 |

# 声の発達①泣き声から言葉へ

## 1か月頃

子どもの産声は、肺や気道に残っている羊水を吐き出させ、陰圧になっている肺に空気を取り込む、とても理にかなったものです。この産声の高さは、ほぼ400Hz〜500Hz（山内 1996）とされ、個人差が大きいこともわかっています。

産声は一般的に「オギャー、オギャー」などと表現されるように、呼気と吸気のリズミカルな繰り返しです。産声で初めて使われる「声帯」は、誤嚥《ごえん》を防ぐためのはたらきをしながら、成長に伴って実にさまざまな役割を果たしていくことになります。

子どもは誕生してから1か月間、ほとんど泣き声で生理的な欲求を伝えます。小さい身体からは想像ができないほど大きな音量で泣きます。

常に快適な状況であった胎内から新たな環境に身を置いた子どもは、泣くことを、例えば「おなかがすいた（胃の不快）」「下半身が気持ち悪い（おむつが濡れた）」「暑い（汗をかいた）」「痛い」「かゆい」「驚いた（物音や動きなど）」「飽きた（状況の変化がほしい）」「抱っこしてほしい」など、自分の不快な状況を伝える手段にします。

母親は泣き声のパターンとその理由を早く理解したいと願いますが、泣きの理由がわからず、振り回され苦労することも多いようです。

重要なことは、泣く理由が子どもと保育者のあいだで合致することではなく、子ども自身が、自分の声で表現することが、要求を満たすことにつながる（泣くことで誰かが助けてくれる）と感じ、安心の基盤をつくっていくことです。

子どもの泣きは、「声を使う人」として成長するのに必要な、最初の自己表現なのです。

**0〜1か月齢　発声期**

偶然表出されたような/a/や/u/母音のようなシンプルな発声

**2〜3か月齢　goo期**

クーイング期ともよばれ、蓋音（舌が口蓋に接触・接近することで出る子音）も混じる発声

## 2～6か月頃

子どもの泣きは月齢を追うごとに減り、1歳に近づくにつれて急速に減少します。これは、発声を通した「言葉」で自分の要求や気持ちを伝えられるようになってくるためです。

下の表によると、子どもの音声発達は、1か月頃までは泣きが中心ですが、「アー」「ウー」などの穏やかで短い声を出すようになります。また、3か月頃までには「クーイング」と呼ばれる母音に近い声が多くなり、その後は「アブワー」とやわらかく延びる声や、「ブ」などの両唇《りょうしん》音《おん》も出せるようになります。

5か月頃には、周囲の音を聴くとともに、自分の声もしっかりと聴いています。「バババ……」などの繰り返しも特徴的です。

6か月頃までには独りでも好んで声を出すようになり、vocal play と呼ばれる「声遊び」をします。例えば、早起きしたベッドのなかで、独りで発声を楽しむ姿もみられたりします。この時期になると、喉頭部が下降しますので、個人差はあるものの、さらに多様な音が出せるようになります。「キー」といった甲高い声や金切り声、唸《うな》り声、ささやきと、バリエーションが豊富になります。

## 7～11か月頃

6か月頃は、「バババ……」や「マンマンマン……」のような規準喃語と言われる反復喃語が出現しますが、7か月を過ぎると子音の要素も多様になり、まるで話をしているように感じられることも多くなります。模倣もはじまって、「アジャ」「アダッ」と聞こえる短い声が出るでしょう。これが、言葉の出現として周囲に理解され、やりとりが一層活発になります。

1歳頃までには、喃語だけではなく言葉として物を示すような「初語」も出ます。母親の「まんまほしいのね」という声かけに、「マンマッ」と呼応するので、会話のようになります。

子どもの発声は、それに対応した反応があることでより活性化します。保育者は、話しかける内容にこだわらず、むしろ子どもの声が聞こえたらその声をまねて返す「声の交流」を、ぜひ楽しんでみてください。

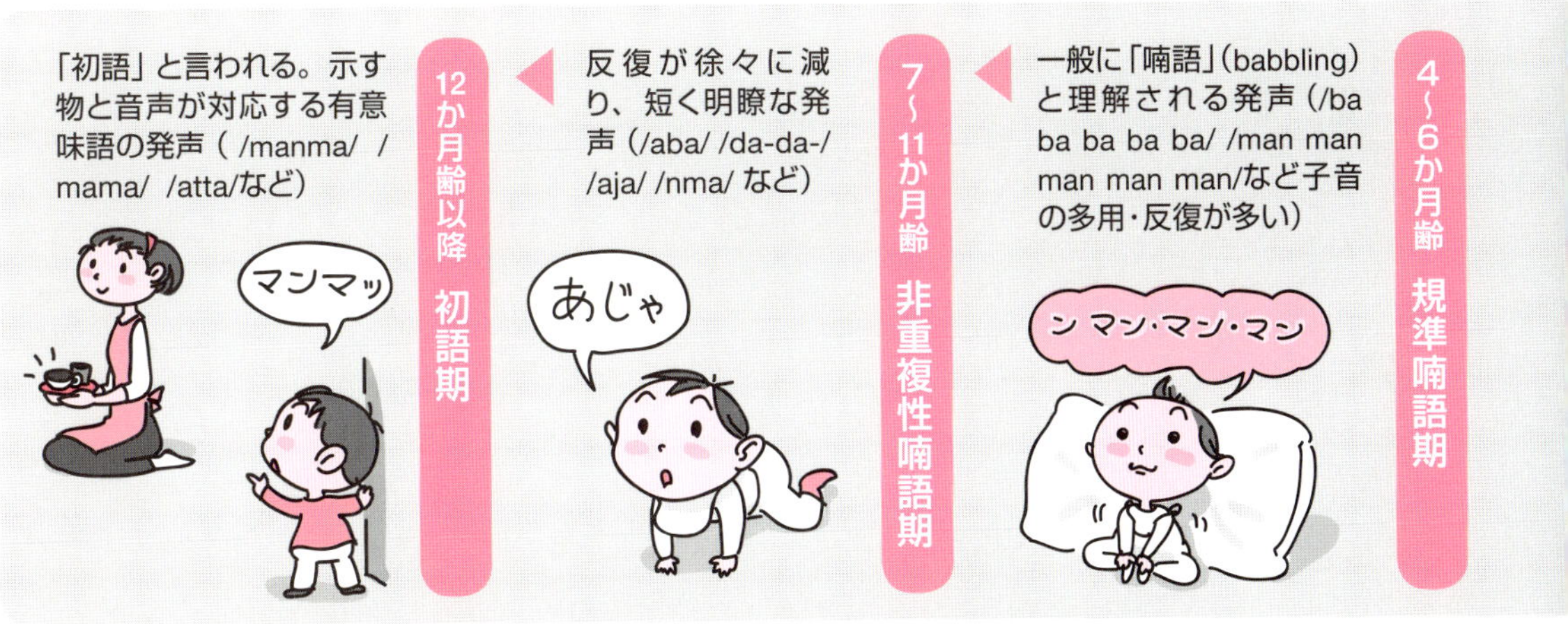

4～6か月齢 規準喃語期
一般に「喃語」(babbling)と理解される発声（/ba ba ba ba ba/ /man man man man man/など子音の多用・反復が多い）
ン マン・マン・マン
7～11か月齢 非重複性喃語期
反復が徐々に減り、短く明瞭な発声（/aba/ /da-da-/ /aja/ /nma/ など）
あじゃ
12か月齢以降 初語期
「初語」と言われる。示す物と音声が対応する有意味語の発声（ /manma/ / mama/ /atta/など）
マンマッ


Oller D.K. The emergence of the sounds of speech in infancy. In G. Yeni-Komshian, J. Kavanagh, & C. Ferguson (Eds.), Child phonology, Vol 1. Production, New York : Academic Press, pp.93-112 1980.を参考にまとめた。

# 声の発達②歌う

## 2か月児は歌う？

言葉を話せるようになるための出発点と考えられている「喃語《なんご》」と並行して、乳児はあたかも歌っているような声も出現させます。

話すことと歌うことでは、どちらが先かというと、当然話すほうが先と思いがちですが、最近の研究では乳児が歌うように声を発している様子が観察されています。こうした音楽的な喃語を「喃語歌」と名づける研究者もいます。Moog ら（1968）は、子どもが生活のなかで聞いている音楽や歌が、その子の喃語に「特定な反応」として出てくることを示し、これを音楽的喃語（musical babbling）と名づけました。また、2か月児の発声には、あたかも歌っているような発声（豊かな抑揚やリズミカルな音声）が出現することもわかっています（志村・市島・山内 1996）。

## 8か月児と12か月児の「歌」

8か月以降になると、歌う声はより鮮明になります。8か月児と12か月児で観察できた音の特徴を紹介しましょう。

**● 8か月児の例**

**反復喃語の時期であるが、ゆったり声を張り上げ、最後は「ダーアーブダアーリー♪　ダェーブダーアーリー♪」と声を延ばしていきながら歌った。**

**● 12か月児の例**

**「ンンー♪〜ンンー♪〜ンンー♪〜ンンー♪」と休止をとり入れたリズムパターンを繰り返した。**

子どもは生後の1年間で、話し言葉へのアプローチをはじめますが、母音や子音を聞き分けていろいろな声を出しながら周囲の言葉の特徴を学んでいきます。また、生育環境にある音楽や歌いかけにも敏感に反応します。保育者の歌いかけには、声や動きのリズムをあわせて声を出し、遊びを楽しみながら成長していきます。

15か月ともなると、進んで保育者にはたらきかけて一緒に歌うようになり、《お寺の和尚さん》などのわらべうたを自分から歌い出す姿もみせます。「せっせっせーの……」というイントロの部分を「テッテッテ♪」と自分から歌って繰り返すなど、「3拍＋休止」の4拍子パターンが頻発します。《ぞうさん》《チューリップ》など、歌の出だしの一部をなにげなく口ずさむのも可愛らしい姿です。

子どもの音声から、生育環境にある音楽や歌をどのように聴いているかを知ることができます。

# 月齢別の発声の特徴と事例

子どもが「歌」のような声を出したら、書きとめておきましょう。

| | 特徴 | 事例 |
|---|---|---|
| 2か月頃 | ● 母音のような発声とともに、偶然に発声した声が歌っているようなやわらかい響きで出現する。<br>● 2か月で発声された声からも「歌」と聴き取れる情報が含まれている。 | |
| 8か月頃 | ● 短いフレーズを歌うことができる。 | ● 言葉のように聞こえる「反復喃語」の時期にもかかわらず、ゆったり声を張り上げながら、2小節分ほどのまとまりとして「ダーアーブダアーリー♪ ダェーブダーアーリー♪」を、声を延ばして歌う。<br>●「パパパ𝄽　パパ𝄽　パパパ𝄽パパ𝄽」と休止（𝄽）を入れながらリズミカルに繰り返す。<br>●「ンンー𝄽ンンー𝄽ンンー𝄽ンンー𝄽」と短く区切りながら（休止を入れて）繰り返し歌う。 |
| 12か月頃 | ● 1歳頃の初語の出現とともに、さらに話し言葉へのアプローチをはじめる。母音・子音を聞き分け、声を出しながら周囲の言葉の特徴をつかむ。<br>● 生育環境にある音楽や歌いかけに敏感で、保育者の歌いかけに反応し、声や動きをあわせて楽しむ。 | |
| 1歳3か月頃 | ● 保育者のはたらきかけにあわせて歌の一部を一緒に歌う。《お寺の和尚さん》などのわらべうたの一部を覚え、自分から歌いはじめ、遊ぼうとする。 | ●「せっせっせーのよいよいよい」のイントロを聞くと「テッテッテ♪」と歌い、飽きずに繰り返す。「3拍と1拍休み（四拍子：♪♪♪𝄽）」の組み合わせのようなメロディとリズムを繰り返し表現する。<br>●《ぞうさん》や《チューリップ》の歌い出しの一部を「ドーーオタン𝄽　ドーオタン𝄽」「サイタ𝄽サイタ𝄽」となにげなく口ずさむ。 |

# 人はいつから音楽が好き?

## 子どもはなぜ音楽が好きか

胎内での音経験をもとに、生後、子どもは親密に感じる音や音楽に出合います。とくに、歌いかけられるとその歌への選好が増すこと、歌いかける女性の声を好むこと、そこで歌われる歌のスタイルについても好みがあることが知られています。

最近の音楽に関する実験的な研究で、人以外の動物、例えばサルの仲間であるタマリンやマーモセットは、訓練によって音楽の弁別は可能になるものの、基本的には「静けさ」を好む（McDermott 2006）ことが判明しました。

つまり、歌や音楽が包含する多様な「感情性」を聴取するのは、人間がもつ特性である可能性が高いのです。人間の子どもは静けさよりも周囲の音楽に興味をもち、子守歌や遊び歌など、自身に向けられたものを選好するという研究結果（Nakata ら 2004）もあり、音楽を愛好するのは「人がその進化のなかで培ってきた遺伝子のなせる業」と言ってよいかもしれません。

## 子どもは音を分けて聴くのではなくメロディとして聴いている

6か月児を対象とした「こもりうた」の旋律を使った研究では、同じ旋律（メロディ）を、楽器の種類を変えて演奏して聴かせたところ、子どもはそれが同じ旋律であると認知できたそうです。さらに、移調した旋律の演奏でも、同じ旋律と認知できることがわかりました（Plantinga ら 2005）。

この結果から、子どもは移調した曲であっても旋律の輪郭については同じ曲として記憶している可能性があり、子どもは音楽を聴くとき、「音」を1つひとつ分けて聴くのではなく、音の連なり（メロディ）を一まとまりにして聴いていることがわかります。

## 音楽への記憶力や感受性を保育にいかす

音楽への記憶力についても研究が進んでいて、２００１年に、Saffran らが、7～8か月児がモーツァルトのソナタの一部を1週間にわたって記憶できることを明らかにし、研究者たちを驚かせました。

好みや感受性についても、新生児や乳児は成人向けの歌よりも乳児向けの歌を選好する（Trainor ら 1996）ことや、2～4か月児は音同士の響きが調和した協和音と調和しない不協和音の区別ができ、協和音を好むこと、さらに協和音への選好は文化間に共通すること（Trainor ら 1996）がわかっています。

こうした歌唱や楽音の弁別能力が生得的なものか、「早期からの音楽的教育環境」がもたらす影響かについては、今後の研究成果を待たなければなりませんが、子どもは音楽刺激と保育者のふるまいから多くの情報を得ているようです。

# 子どもの音楽を認知する力

**実験** 6か月児は7日間連続して聴いた音楽を約2か月間覚えているか。

## 乳児の聴こえを想像してみよう

2つのグループに分けた生後6か月の子どもの家庭に、これまで聴いたことのない外国の民謡のCD音源を送る。保護者は、1日2回7日間、毎日子どもが機嫌の良いときにそのCDを聴かせる、という実験である。A、Bグループとも同じ曲だが、Bグループではメロディの一部に雑音を混ぜて聴かせた。

Aグループの子ども
通常のメロディの曲

Bグループの子ども
通常メロディの一部分に雑音を混在させた曲

## 70日後に、聴いた曲のメロディを覚えているか?

7日間、毎日外国の民謡を聴いたあと、70日ほど経ってから子どもの記憶を調査した。その結果、Aグループはメロディを覚えていたが、Bグループは曲の認知が難しくなる傾向があった。

## 実験でわかったこと

親と一緒に聴取した親しみのあるメロディについて、雑音が混在しない「通常のメロディ」なら、生後6か月児でも2か月間記憶できる可能性があることがわかった。

（麦谷・林・柏野2013）

# 音遊びのヒント

## 子どもは「合奏」が苦手

大人の複雑な聴覚能力は、その人が過ごした乳幼児期の音環境と関係する可能性があると言われています。だとすれば、胎児期に完成する子どもの聴覚器が、その後健やかに発達するためには、生活のなかにある「音」への配慮が欠かせません。

ここでは、楽器に焦点を当てて、音遊びへの配慮を考えたいと思います。

保育者は、まず大人と子どもの聴力が異なったレベルにあることを意識しましょう。おもちゃや簡易楽器を使って音遊びをするときは、用意する楽器の数、音の種類、音量などに配慮が必要です。

多種多様な音が混然一体となった合奏は、成人には音色の違いや音の重なりとして心に響きますが、大音量や音の重なりが苦手な子どもにとっては楽しめるものではないかもしれません。

## アコースティックな楽器で、シンプルな音を楽しもう！

複雑な音の選別が難しい、という子どもも特有の聴力の視点で考えると、子どもにとって心地良い音や声は、「聴きなれた人の声」と「アコースティックな楽器音」。つまり、シンプルな声と音、ということになります。

筆者の経験ですが、まだお座りもままならない初対面の乳児が、筆者が歌いながら鳴らした「小さな和太鼓」の音が気に入ったようで、腹ばいのまま片手に撥《ばち》を持ち、「トントン」と数回打っては筆者の顔を見上げる、というしぐさを繰り返すのをみたことがあります。音の合間に「太鼓をトントン♪」と単純なメロディで歌いかけると、30分ほど2人で遊びつづけることができました。

アコースティックな楽器は、打ち方によって微妙に音が変化します。子どもは身近にあるテーブルやごみ箱など、実にさまざまな物を叩いては、自分のはたらきかけしだいで変化する、音という顕著な「楽器」の反応に興味津々です。それ以前にも、楽器をじっくり観察したり、なめたり、押してみたりといろいろなアプローチ方法を試します。

保育の場では、音楽活動は「集団である」ことが当たり前で、一斉に楽器を鳴らす、揃って歌う、歩くなどの風景が多くみられます。そして、なぜか大人には「子ども＝元気で活動するもの」という発想が身についており、どんな状況でもにぎやかさに満ちた音楽活動を求めてしまいます。

保育者に提案したいのは、子ども1人ひとりの聴覚特性や興味に配慮した音楽活動です。月齢や発達に見合った楽器の使い方を基盤にした、豊かな音遊びを用意したいものです。なにより、誰かが一緒に寄り添って音を楽しんでくれることで、子どもは楽器遊びを楽しめるのです。

# 子どもは大人よりも耳が良い

## 大人と子どもの聴力レベルの比較（OAE※を用いた3歳児の実際の測定値）

子どもは、2、3、4kHzの各周波数帯域すべてで大人（20歳）の平均の0ラインを10〜20dB以上を上回る聴力レベルで音を聞いている。乳児期から10歳くらいまでは聴力の発達は継続するものの、それ以降は変化がなくなり、成人の聴力レベルとほぼ同じになる。

図中：OAE測定値を示す。●印は子どもの右耳、×印は子どもの左耳。0ラインは成人（20歳）の平均値。0ライン以下のバーはノイズ値。

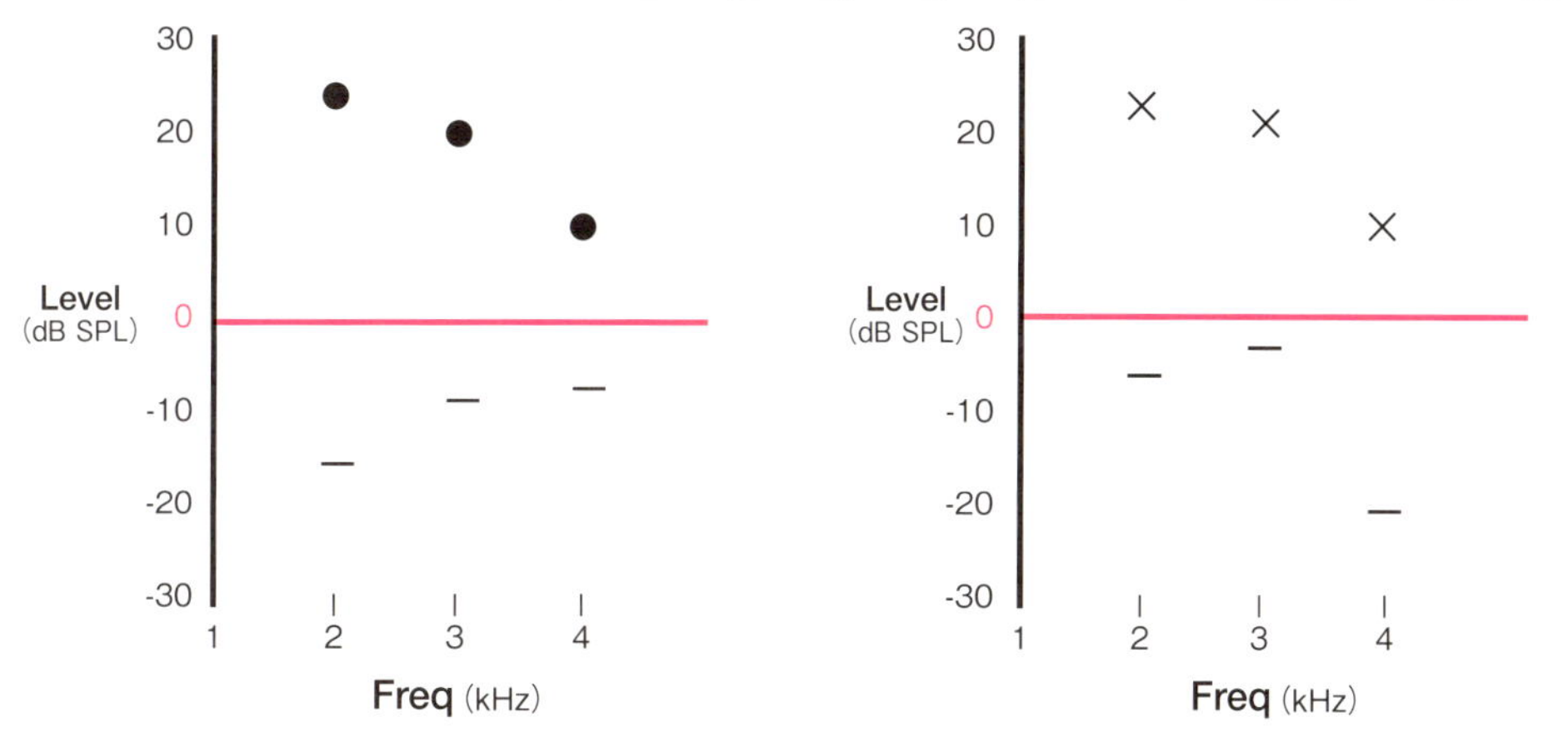


出典:志村洋子ほか「幼児の聴力と保育空間の音環境に関する研究」『埼玉大学教育学附属実践センター紀要13』pp.101-106、2014年

※OAEとは、内耳蝸牛聴神経中の外有毛細胞の音響反応を使って、耳音響放射の測定による聴力検査器。

## 基本をおさえよう

おもちゃや楽器を使って遊ぶときは、用意する楽器の数、音の種類、音量に配慮しよう。多種多様な音が混然一体となった「合奏」は、大人には音色の違いやハーモニーを楽しめても、子どもにとっては音の洪水に感じられる。「子どもと保育者の聴こえの力はレベルが異なっている可能性がある」という前提で、日々子どもが聴く音に配慮することが大切。

# 子どもへの話しかけ「マザリーズ」

## マザリーズとは?

マザリーズ（motherese：対乳児発話）は、大人同士での会話音声とは異なる、「新生児から幼児期前半の子どもへの話しかけがもつ特徴」です。母親が幼い子どもに話しかけるときの「〜そうねー」や、子どもの声の高さにあわせて「んー」と返事をする、あのやさしくあやすような独特の口調をマザリーズと呼びます。子どもは、同じ母親の声でも、大人同士で会話をするときの平板な声と、自分に話しかけてくれるときのイントネーション豊かな声とでは、後者により注意を向けることが知られています。

　マザリーズによる話しかけは、子どもの言葉の発達のうえでも重要な役割を果たすと言われています。

## マザリーズの特徴は「イントネーション」

マザリーズは、「子どもに話しかける言葉に、あたかも歌のような変化、範囲の大きいイントネーション（抑揚）とほぼ等間隔で刻まれる（拍節）リズムがあることで、情緒的な親密さや、母親の『大好き』という気持ちを伝える方法である」（Fernald 1985）という報告から広まりました。

　つまり、マザリーズの主眼は、テクニックではなく、話し手の気持ちを伝えることにあります。それが、マザリーズがイントネーション変化の宝庫と言われる所以となっています。

## 子どもはシンプルで抑揚のある声が好き

　子どもは男性より女性の声を好みます。とくに、母親の声に敏感に反応することがよく知られています。これは、胎児のときから母親の声を、羊水や骨などを介した伝搬ではありますが、ダイレクトに聴いていることと関係しています。

　胎児は、5か月頃から、子宮内のさまざまな音に混じって母親の声をずっと聴いていますが、月齢が進むにつれて子宮壁に自分の耳を近づけるようになるので、母親の声の響きは体外から伝わってくるほかの声とはっきり区別できるようになります。

　誕生後、母親は子どもの名前をさまざまなイントネーションで何度も呼びかけ、子どもの出方をみて間をとります。例えば、「いないいないばあ」1つとってみても、いろいろな表現パターンとリズミカルな間合いがありますね。

　こうした子どもとのやりとりをより楽しいものにしようとするイントネーションやリズムパターンの誇張は、まるでわらべうたを聞いているようではありませんか。

　保育者は子どもにはつい「話しかけなければ」と思いがちですが、まずは1人ひとりの発声に自分の声を合わせて返してみてはいかがでしょうか。この語り返しが、マザリーズ上達の第一歩です。

## マザリーズ解説

日本語をJapan + eseでJapaneseというように、マザリーズはMother + eseで、「お母さんの言葉」という意味である。最近では、その表現が母親に偏らないことをめざして「対乳児発話（IDS：Infant-Directed Speech）」と呼ぶ。

**マザリーズの特徴**

- 発話する声全体が高い。
- ゆっくり話す。
- 抑揚が大きい。
- 発語と発語の間を置いて相手の反応を待つ。
- 同じ言葉や話し方を繰り返す（子どもへの気持ちをしっかり伝達する）。

### 大人同士の会話音声とマザリーズ

「ん～」の発話のピッチ比較

左：対成人
右：対40日齢児

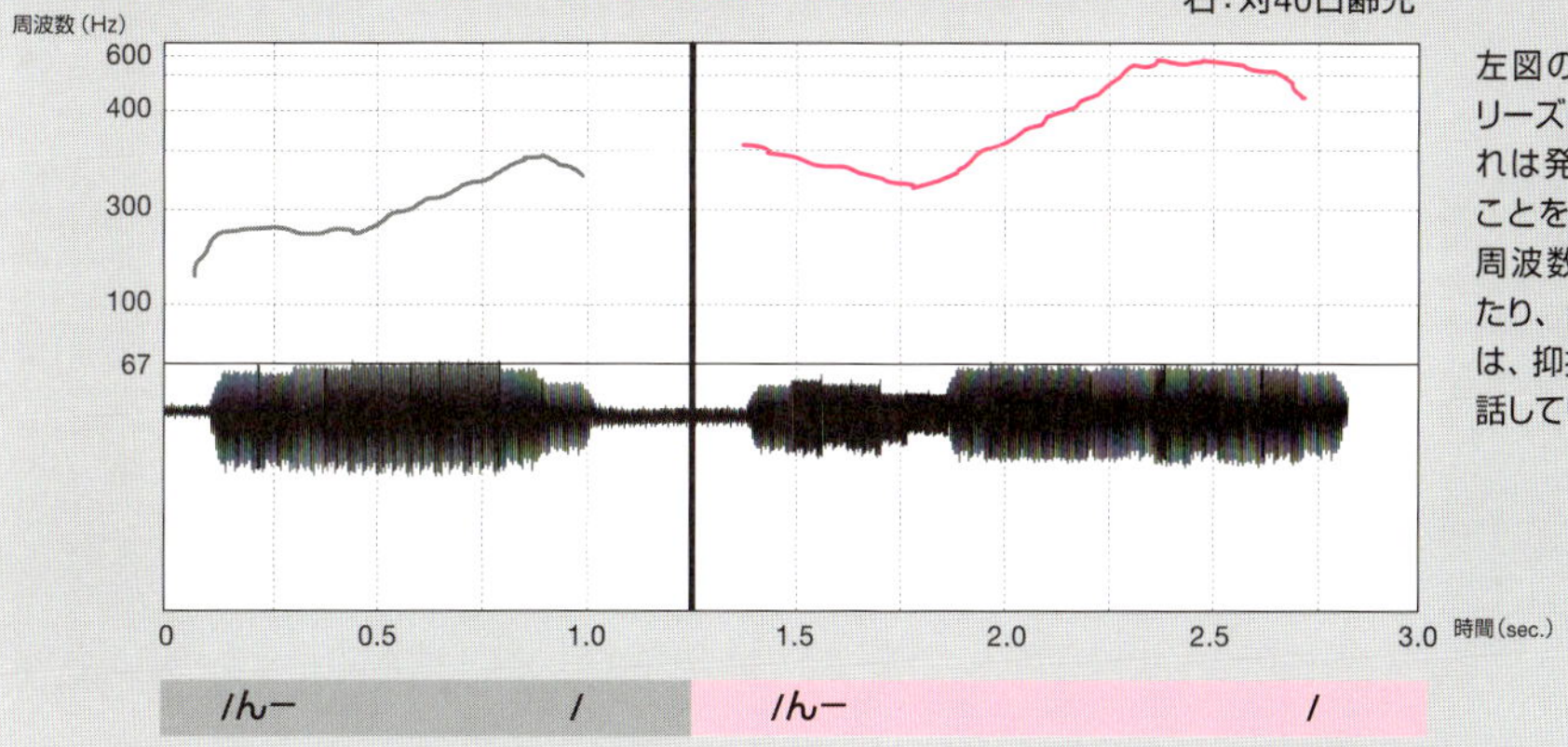


（志村2017）

左図の赤ちゃんへのマザリーズは周波数が高い。これは発語者の声が大きいことを示している。また、周波数の変化が大きかったり、発語速度が遅いことは、抑揚が大きく、ゆっくり話していることがわかる。

## 子どもへの話しかけはちょっとした「変化」が大事

保育者や母親の話しかけやわらべうたなどの歌の声は、音の高さもテンポも気分によって日々微妙に変化します。その微細な変化が、子どもがいつでも言葉や歌に興味をもち、楽しむために重要な要素となっているのです。子どもは、通常の言葉よりもマザリーズにより注意を向けます。大人の会話とまったく同様の話しかけをするのは、子どもにとってはちょっと残念な対応となってしまいます。

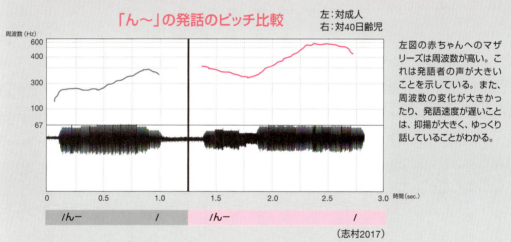

# 声のやりとりをうながすマザリーズ

## 子どもが声を出すには人とのやりとりが大事

大人同士が会話をするとき、互いが同時に言葉を発してしまう場面は頻繁におきませんが、子どもではそうした状況がよくおこります。

しかし、それも他者の「相手と順番に声を出して会話をする」スタイルをモデルにしながら成長することで、しだいに減っていきます。言葉の発達では、相手と交互に話すという話者交代（ターンテイキング）を理解することも大切なのです。

母親は子どもに高頻度に話しかけますが、この声かけは子ども向けの語りかけの口調であるマザリーズで行われることが多いと言われています。この声かけと応答によるやりとりが、「交互に声を出す」ことを子どもに示す機会となります。

また母親は、子どもに話しかけるとき、言葉だけではなく表情やジェスチャーを付随させ、子どもの行動や声出しをうながします。

## マザリーズが上達する方法

私たちが話をするときには相手が必要です。マザリーズを試してみるにも、1人では難しいでしょう。そんなときは、ぬいぐるみを抱きながら話しかけてみたり、誰かに子どもの声役を頼んだりして練習してみましょう。

子どもの声役の人には、乳児の喃語のような声を自由に出してもらいます。まずはその声をよく聴いてみてください。そして、声の高さやリズムに気をつけて、相手の声にそっくりになるようにまねをしながらお話ししてみましょう。録音して、あとで聴くと、うまくまねができたかどうか確認ができます。

マザリーズは、相手の声に自分の声が寄り添うように話しかけることがコツです。実践でも、子どもの声をよく聴くことが一番大切になるからです。自分が伝えたいことをただマザリーズ風に発話するのではなく、子どもの声を優先し、その声の様子を丹念に聴き取りながらタイミングよく声かけをする。これが大事です。

マザリーズで子どもに語りかけるときは、子どもの声をよく聴き、まねるように声を出すことに集中しましょう。子どもと同じくらいの高さとテンポになるよう配慮します。誰かと寄り添う居心地の良さが、子どもにとって、人とのかかわりの軸となります。

ところで子どもは、声を出したいときに好き勝手に出しているようにみえますが、最近の研究（嶋田 2016）では、成長する過程できょうだいとは同時に声を出すことが多いのに比べ、月齢が上がるにつれて親とは交互に声を出す、つまり声は重ねないことが明らかになっています。子どもが周囲の人とのかかわりに、子どもなりのセンサーをはたらかせていることがよくわかる研究成果です。

# マザリーズの実践

誰かと会話をするときは、基本的には交互に声を出して会話をする。子どもはマザリーズを通じてこの会話のスタイルを学び、話者として成長していく。マザリーズで重要なのは、保育者と子どもが「交互に声を出す」こと。子どもと話すときは、まず子どもの声をよく聞こう。目の前にいる子どもの声を優先し、その声の様子を丹念に聴き取りながら、それにあわせた声かけがベストである。

## 実際にやってみよう!

**1** おもちゃのコップを子どものほうに向けると、子どもは持ちたそうに手を出してくる。

**2** 子どもからの動きや返事がなければ、①を何度も繰り返す。子どもの顔をよくみると、思わず色々なバリエーションで話しかけたくなる。

**3** 子どもが声を発したら、その声のまねや「お返事じょうずね〜」などとほめる言葉をかけながらコップを手渡す。月齢によっては、子どもはいったん手にしたコップを保育者に差し出そうとすることもある。

**4** 子どもからコップを受け取ったら、声かけをしながら子どもにコップを差し出すやりとりを続ける。子どもの声をまねたり、渡し方を変えたりしてやりとりに変化をもたせよう。

# パラ言語を意識した保育実践

## 子どもの声が伝える「感情の変化」を敏感に感じとろう

子どもの声の出し方や話し方には個性があります。保育者は、子どもの声の特徴を早く覚え、ちょっとした気持ちの変化も汲み取れるような対応が必要です。

私たちの音声には、話者である人の特性である「個人性」と、気分や気持ちを担う「感情性」とが含まれています。これらは「パラ言語」とも呼ばれ、「声がもつ雰囲気」として話し相手に伝わる重要な音声情報です。例えば、家族や長くつき合っている友人と電話で会話をするとき、相手の顔がみえなくても声で相手の状況を推察することができます。それは受話器から聞こえてくる相手の声に、言葉の意味や内容以外の「感情」の情報が乗せられて、届けられるからです。

保育をするうえでも、子どもが発する声のパラ言語を察知して受け止め、それに応答することがとても重要になってきます。子どもが大勢いるなかでも、1人ひとりの声が誰か（個人性）を聞き分け、その時々の感情や気分に気づいてあげられることは、子どもの言葉の獲得だけでなく、気持ちの共有にも意味のあることなのです（Schater 2010）。

## 保育者は自分らしくいつも落ち着いたやりとりを

保育者自身のパラ言語にも注意が必要です。担当する子どもの年齢が上がるにつれて、保育者は「先生」としての役割を果たそうと、個別にではなく子ども全体に向けて、言葉による情報を前面に押し出したメッセージの発信に専念しはじめます。４歳児が20～25名いるという場面では、全員に向けた話し方は、目の前にいる1人の子どもへの話し方とは大きく違ったものになるでしょう。大勢の子どもたちに話をするとき、保育者は音量をあげようと「頑張って」声を出しますし、言葉の選び方も提案や助言から、指示や命令になることも多いでしょう。

こうした状況においては、声そのものから「やさしい気持ちを伝える要素」が消えて、強い声音《こわね》になりがちです。一斉に話しかけると、子どもによっては、保育者が発する言葉の意味や内容だけでなく、その気持ちを正確に受け取れないかもしれません。

また、保育者の強い声音《こわね》による指示は、子どもの「今やりたいこと」「今行きたいところ」などの思いが途切れて、ストレスがたまります。とくに、騒がしい保育室で指示語が次々と示されると、子どもの気分は減退してしまいます。

保育者は、子どものパラ言語をていねいに汲み取りながら、自身の声の特性や気持ちの乗せ方にも気をつけましょう。そして、喧騒が感じられる室内であっても、なんとか強い声音《こわね》にならないように1人ひとりに「言葉を届ける工夫」をしましょう。

# パラ言語とは

私たちが発する音声には、「個人性」と「感情性」という2つの特性がある。このうち感情性は、イントネーション、リズム、声音《こわね》によって話者の感情を相手に伝える言語情報である。例えば、保育室でよく聞かれる子どもの「ごめんね」。心を込めて優しく言えば謝罪の言葉だが、語気を強めて「ごーめーんーねっ!」と言えば、怒りをあらわしているようにも感じられる。こうした「言い方」や「声音《こわね》」が声のパラ言語である。

**個人性**

その人が誰か？　個人がわかる情報。例えば母親の声は遠くからでもそれとわかる。個人性は話者の声そのものがもつ特性である。

**重要**

**感情性**

声に込められた気持ちをあらわす情報のこと。相手の声のパラ言語を正確に理解し、返信できることは、言葉の獲得だけでなく、他者との気持ちの共有にも重要である。

## チェックしよう!　気をつけたい言葉の届け方

- ☑ 子どもに一斉に声を届かせようと大声を張りあげていないか。
- ☑ 指示や命令ではなく、提案や助言になるような言葉の選び方をしているか。
- ☑ 声に「やさしい感情」を乗せて、個々に「言葉を届ける」ように話しかけているか。
- ☑ 声には、話の内容・意味だけでなく、「気持ち」がダイレクトに乗せられて伝わっていることを忘れていないか。

喧騒のなかでも必ず「静かな瞬間」はやってくる。集団への伝達は、そのタイミングを逃さず話しかけると、気持ちも伝わりやすい。

子どもは自分の担当の先生の声をしっかり聞き分けている。そのことを忘れず自分の声で「伝える」ことをめざそう。

# 音楽教育の前にしたいこと

## 早期音楽教育の前に大切なこと

子どもは生まれた直後から、まわりの人の話す声を聴きながら生育していきます。同時に、テレビやCDから流れてくる音楽も、大人と一緒でBGMとして聞いて育ちます。子どもが育つ環境には、言葉と音楽は常に身近なものとして存在しています。ですから、話し言葉の獲得も、音楽を身近に感じて楽しむ力も、同じように育まれているはずです。ところが、「音楽」となると、「将来役立つ」「脳に良い」などとイメージされることが多いためか、「情操」や「音楽性を伸ばす」などの効果を期待して、早期教育がなされたりします。

子どもは、大人同士が近くでおしゃべりしていても、音楽が聞こえてくるとそちらに顔を向けるしぐさをみせます。また、大人がテンポ良く拍手をするだけで、そのリズムにあわせて手を動かしはじめます。座っているときにお尻を上下に動かしたり、立って膝を少しかがめたり伸ばしたりして、リズムを楽しもうとする様子もみせてくれますね。そのチャンスをつかまえて、一緒に手拍子をしたり、抱っこをしてリズムにあわせて少し揺らしたりすると声を上げて喜ぶでしょう。

子どもの可能性を伸ばす音楽とのかかわりの出発点は、実はどこかに何かを習いに行く前の、こうした音楽や歌とのなにげない日常のやりとりにあるのです。

## 音楽が好きになるひけつは?

まだどんな音楽や音が好きなのかがわからないときは、保育者が知っている歌をface to face、顔を近づけて歌いかけてみてください。きっと笑顔になって手をバタバタさせる曲に出合うはずです。

1人ひとりの「お気に入り」を覚えておくととても助かります。例えば《ぞうさん》にあわせて、「そうよ　かあさんも長いのよ」の歌詞の「よー」だけを一緒に口ずさむ子もいるかもしれません。そうしたその子が好きな曲は、いろいろな場面で活躍します。とくに、機嫌が悪いときやぐずるとき、泣いているときでも、一節を繰り返して歌いかけると落ち着くことがあります。

また、1曲を歌い通すのではなく、歌の冒頭やサビの部分、擬音語が出てくるところなど、歌詞の楽しい部分を繰り返すこと。「間」をとって同じフレーズを繰り返します。歌うときに間が大事なのは、マザリーズの特徴でもあるように、「子どもの声の表現を待つ」役割を果たしているからです。歌のフレーズとフレーズの「つなぎ目」には、必ず息継ぎの部分があるので、それをいかしてやや大げさに休みを入れて歌うと子どもは喜びます。1曲を通して聴くのではなく、気に入ったところが強調されて聴け、参加できる楽しみがあります。

# 曲を使った歌いかけの実践

ここでは、子どもが泣いている場面を取り上げて、曲を使った歌いかけを紹介する。実践では、最初から最後まで、1曲を歌い通す必要はない。サビの部分や印象的なフレーズを繰り返すだけで良い。子どもの泣きの状態に変化があることが重要なので、子どもの反応を待つ「間」を意識しよう。



## 実践

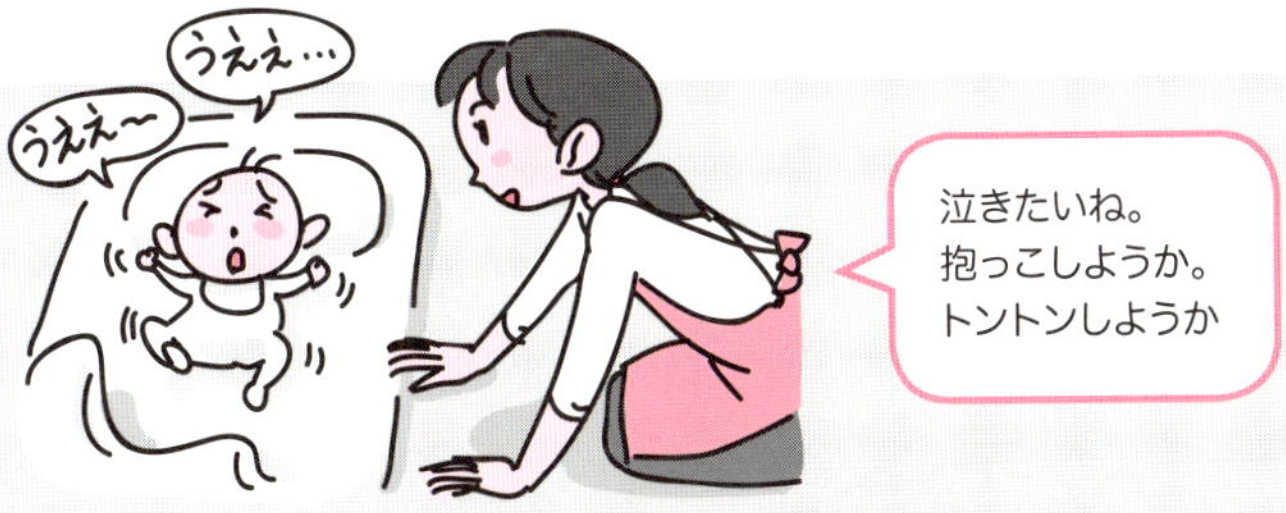

うえぇ…
うぇぇ〜
泣きたいね。
抱っこしようか。
トントンしようか


言葉と「トントン」という擬音（オノマトペ）に、それぞれ適当にイントネーションとリズムをつけ、子どもを揺らしながら耳元で静かに話す。

困ったね……ン？　困ったね……ン？
うん〜。泣きたいね〜。
うんうんうん〜。泣きたいね〜。
うんうんうん〜
ん〜


耳元で静かに繰り返して話す。「うんうんうん〜」は子どもを揺らすようなリズムで。

グズ
グズ〜
困った、困った。
ワンワンも困ったね。
ワンワンも困った、
ワンワンワン♪……


やりとりを繰り返す。「困った、困った」は、その都度、言葉の調子（韻律：ブロンディ）と声の大きさに変化をつけよう。

（《犬のおまわりさん》を小さな声で）
ワンワンワワーン♪
ワンワンワワーン♪……だって。
ワンワンも困った困った、って……。
ワンワンワワーン♪
ワンワンみにいこうね。
ワンワンねー……。


間をあけた繰り返しが子どもの気分を変える。保育者は子どもから徐々に顔を離し、メロディ全体を低い音程で歌う。子どもをゆったり揺らし歌いかける。泣きが静まりそうになったら、声をさらに小さくする。

# 「こもりうた」を歌ってみよう

## 子どもが好きな歌を「こもりうた」に

泣きやまない子どもの寝かしつけに苦労する人は多く、インターネットにはさまざまな情報が載っています。

昔から、寝かしつけにもっとも効果的とされているものに、テレビ放送が終了したあとのいわゆる「砂嵐」音があります。音としてはピンク・ノイズやホワイト・ノイズなどの雑音（註）に近く、シャワーヘッドを壁に近づけて水を出すときの音に似ています。これは、人の体内が固有にもつ雑音を赤ちゃんが胎内で聴いていたときの音と似ていることが関係すると思われます。

また最近では、子どもを泣きやませるのにレジ袋をクシャクシャさせる音が有力とされていましたが、子どもは音に慣れるので、効果は続きません。子どもも「聴くこと」の経験を日々積んで成長していますので、同じ音では眠らなくなります。

ただこうした音をいろいろと試すことも、子どもの音環境を豊かにしていると言えるかもしれません。

昼寝前のウトウトしているときに、普段親しんでいる人の声が耳元でささやくように聴こえる「歌いかけ」は、それを聴く子どもに安心感をもたらします。リズムにあわせながら身体を軽くトントンと叩き、その子の好きな歌をそっと歌いかけてあげたいものです。

## 「子守唄」と「子守歌」の違い

「こもりうた」の「うた」の漢字の使い方にルールはありませんが、「唄」と「歌」の字が違うので、そこには少し差があることが感じられます。

分類の基準は明確ではないのですが、一般的な楽譜集などをみると、昔から伝わり、伝承されてきた子守唄では「唄」が使われ、世界、または日本の著名な作曲家が作曲したものは「歌」としていることが多いようです。

「ねんねこしゃっしゃりませ　ねた子のかわいさ……」。この曲を一度は聞いたことがあるのではないでしょうか。日本の独特なメロディと、昔の風習がうかがえる歌詞の曲です。現代では《中国地方の子守歌》としてコンサートなどでも歌われ、音楽の教科書にも載っています。これは地方で伝承されていた唄をもとに、作曲家の山田耕筰が歌詞を整え、伴奏をつけたことにより、「子守歌」の名曲となって今に至っています。

119頁では、園でこもりうたを使用する際の留意点を紹介します。ただ歌えば良いというものではなく、いくつかの留意点がありますので参考にしてください。

（註）周期的波形による「純音」に対して、不規則的波形でピッチが感じられない「雑音」のような音。ピンク・ノイズは、音の大きさが周波数に反比例する。ホワイト・ノイズは「白色雑音」と呼ばれ、全周波数で均一な大きさをもつ。

# こもりうたの留意点

## 毎日違う曲を

子どもの寝かしつけにオルゴールなどの音楽を流すときは、できるだけ毎日違った曲をかけよう。音とのかかわりでは、日々いろいろな音や音楽が子どもの耳に届くようにすることが大切である。

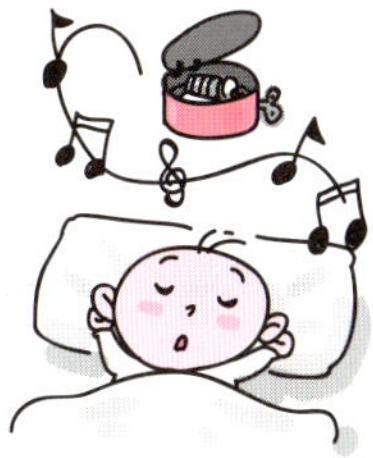

## 定番の曲を眠りのサインにしない

決まった音楽を午睡を始める合図にすると、子どもが将来、その曲にもつ印象に影響することがある。定番の曲を入眠の合図にするのは避けたい。子どもが眠ったら音楽をやめることも大切。

## 代表的な子守歌

揺籃《ゆりかご》のうた／江戸子守唄／中国地方の子守歌／竹田のこもりうた／五木のこもりうた

## ささやくように歌おう

休息時間を設ける園では、数人の子どもが横になり、そのかたわらで保育者が子どもの背中や足を千手観音様さながらにトントンとすることが多い。そのときこもりうたを歌うなら、入眠を阻害しないように、ささやくように歌うのが望ましい。選曲は、子どものリクエストにあわせて日替わりにし、1日1曲を繰り返す。「ねんねんねんねん……」という言葉を繰り返すだけでも良い。睡眠中は静かな環境がのぞましいので、子どもが寝入ったらこもりうたはやめる。

## 日本の子守歌

ブラームス、モーツァルト、シューベルトなど著名な作曲家による子守歌は、一度は聞いたことがあるでしょう。日本の作曲家による子守歌では、《ぞうさん》の作曲者である團伊玖磨の《子もり歌》や、草川信と北原白秋の手による《揺籃のうた》が時を経た現代でも歌い継がれる名曲です。これらは芸術作品である一方で、子どもの耳元でささやくように歌える実践的な歌でもあるのです。

# 「わらべうた」で遊ぼう

## 「わらべうた」の利点

乳児保育において、子どもとの遊びによく使われるのが「わらべうた」です。

子どもは1歳前後から、1人でいるときやリラックスしているときに、抑揚や音階のようなメロディと、簡単なリズムをつけて身近な物や事柄を歌にすることがあります。これを「つくりうた（でたらめうた、自発的歌唱とも）」と呼びます。わらべうたは、こうした「つくりうた」からはじまったとされています。

保育の場でわらべうたが好まれるのは、❶歌詞が覚えやすく自由に歌えること、❷ピアノの伴奏が不要であること、❸歌い出しの音が保育者や子どもの話し声の高さからはじめられることなど、多くの利点があるからでしょう。

一番の魅力は、相手の表情をみて歌いあえること、ゲーム形式や身体を動かして遊べることです。わらべうたには、歌詞やメロディが定まっていないものが多いので、遊び手は状況に応じて内容を変化させることができ、それが自由な楽しさを支えています。

さらに、手遊びや指遊びにも使えますし、歌詞が短いものも多いので、繰り返しの回数も自由に設定できます。保育活動の転換としてには、子どもを座らせたり、落ち着かせたりするときに活用する保育者もいます。

近年、わらべうたを歌う頻度が増えているのは、日本古来のものだけでなく、諸外国の童謡やゲーム遊びの曲を日本語の歌詞に置き換えたものなど、新しい感覚でつくられた曲が増えたことが背景にあるようです。例えば、映画『となりのトトロ』の主題歌「さんぽ」は、「馬はトシトシ」と同じように遊ぶことができます。保育者の膝の上に子どもを乗せて左右に動かしたり、歌のテンポを速くしたり、子どもが向かい合わせになったり、遊び方でもいろいろな工夫ができます。

## わらべうたの歌詞と遊び方

わらべうたは、遊びの場面によっていくつかの形に分類することができます。

- **保育者が子どもに歌い、聞かせる**
- **保育者が子どもの手をとって遊ぶ**
- **保育者が子どもの身体を触りながら遊ぶ**
- **子ども同士で複数で遊ぶ**

最近では、オーディオ機器の進展もあって、保育者が自分の声だけで歌いかける機会が減ってきているようです。直接の歌いかけは、保育の形態や折々の場所に応じて歌い方を自由自在に変化することができる利点があります。

わらべうたは、歌詞だけみていると、メロディや遊び方がわかりませんが、実際に子どもに向けて歌詞を繰り返して読んで聞かせると、触れ合い方などのアイデアがいくつも湧いてきます。121〜125頁を参考にして、「わらべうた」を上手に取り入れましょう。

# わらべうたの歌詞と遊び方

## 1 歌詞をアレンジしながら歌い聞かせるわらべうた

### からすがなくから帰ろ

遊んでいる場所から「移動」するときに歌ってみよう。動物の名前をいろいろと替えて楽しむのも良い。歌いかけているときに子どもが「カー、カー」などと声を出したら、その子の名前を○○の部分に入れて遊ぼう。

♫ かえるがなくから かーえろ　からすがなくから かーえろ
○○がなくから　かーえろ

## 2 1人の子どもと触れ合うわらべうた

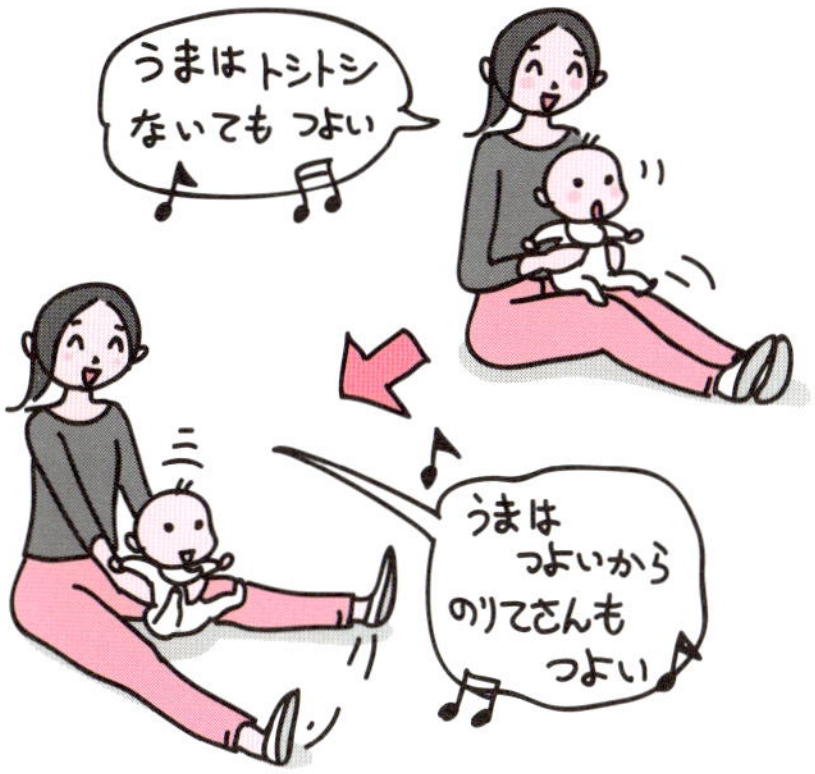


### 馬はトシトシ

保育者は正座、または足を伸ばして座る。子どもの身体を支えながら膝の上に座らせる。耳元でやさしく歌いながら、最後のフレーズで膝を開き、股の間に子どもを滑り込ませる。子どものリズムを感じて、そのリズムにあわせるように膝を動かすと良い。歩行が十分できる年齢になったら、子どもの足を保育者の足の甲に乗せて一緒に立ち、歩きながら歌ってダイナミックに遊んでも楽しい。

♫ うまは　トシトシ　ないても　つよい
うまは　つよいから　のりてさんも　つよい

## ③ 子どもの「手」を使って遊ぶわらべうた

### おちゃらかほい

顔を見合わせて、「せっせっせーのよいよいよい（手をつなぎリズムにあわせて揺らす）」ではじまるわらべうた。最初は保育者と子どもが2人で繰り返して遊ぶ。「おちゃらか　おちゃらか　おちゃらか」までは子どもと保育者の手を打ち合わせる。「ほい」でじゃんけんをするが、じゃんけんのルールがわからない年齢でもハイタッチしたり、子どもなりに適当にやりとりをして遊ぶ。勝ったほうは両手を上げる、負けたほうは頭を下げて泣きまねをする。

♫ せっせっせー の よいよいよい
おちゃらか おちゃらか おちゃらか ほい（じゃんけんをする）
おちゃらか かったよ（まけたよ、あいこで） おちゃらか ほい（繰り返す）

### お寺の和尚さん

「せっせっせーのよいよいよい（手をつないでリズムにあわせて揺らす）」ではじまるわらべうた。「お寺の～まきました」までは、子どもの手と保育者の手を左右に打ち合わせる。「芽が出て」で2人とも胸のところで両手をあわせて「つぼみ」を表現する。「ふくらんで」「花が咲いたら」の歌詞のところで徐々に手を拡げていく。

♫ せっせっせー の よいよいよい
おてらのおしょうさんが　かぼちゃ（ほかの植物でも）のたねをまきました
めがでてふくらんで　はながさいたら　じゃん けん ぽん（繰り返す）

## 4 子どもの「身体」を触って遊ぶわらべうた

### あがり目、さがり目

歌詞にあわせて目尻を指でやさしく上げ下げし、「くるりと」では目のまわりを1回なぞり、「ねーこの」で目じりを顔の中央に軽く寄せて、最後に目尻を外側に引っ張る。まず保育者が自分の顔でしてみせよう。子どもの顔を触っても良い状況かを確かめて、そっと顔を触ろう。手をよく洗っておくことも大事。

♫ あーがりめ　さーがりめ　くるり（ぐるっ）と回って（回して）
ねーこ（にゃんこ）のめ

### いちりにり

「いちり（一里）、にり（二里）、……」はよく知られたわらべうた。「いちり」では子どもの両足の先を、「にり」では足首を、「さんり」では膝を、「しり」ではお尻のあたりを軽く触る。「里」ごとに少し間をあけて、メリハリをつけて遊ぼう。

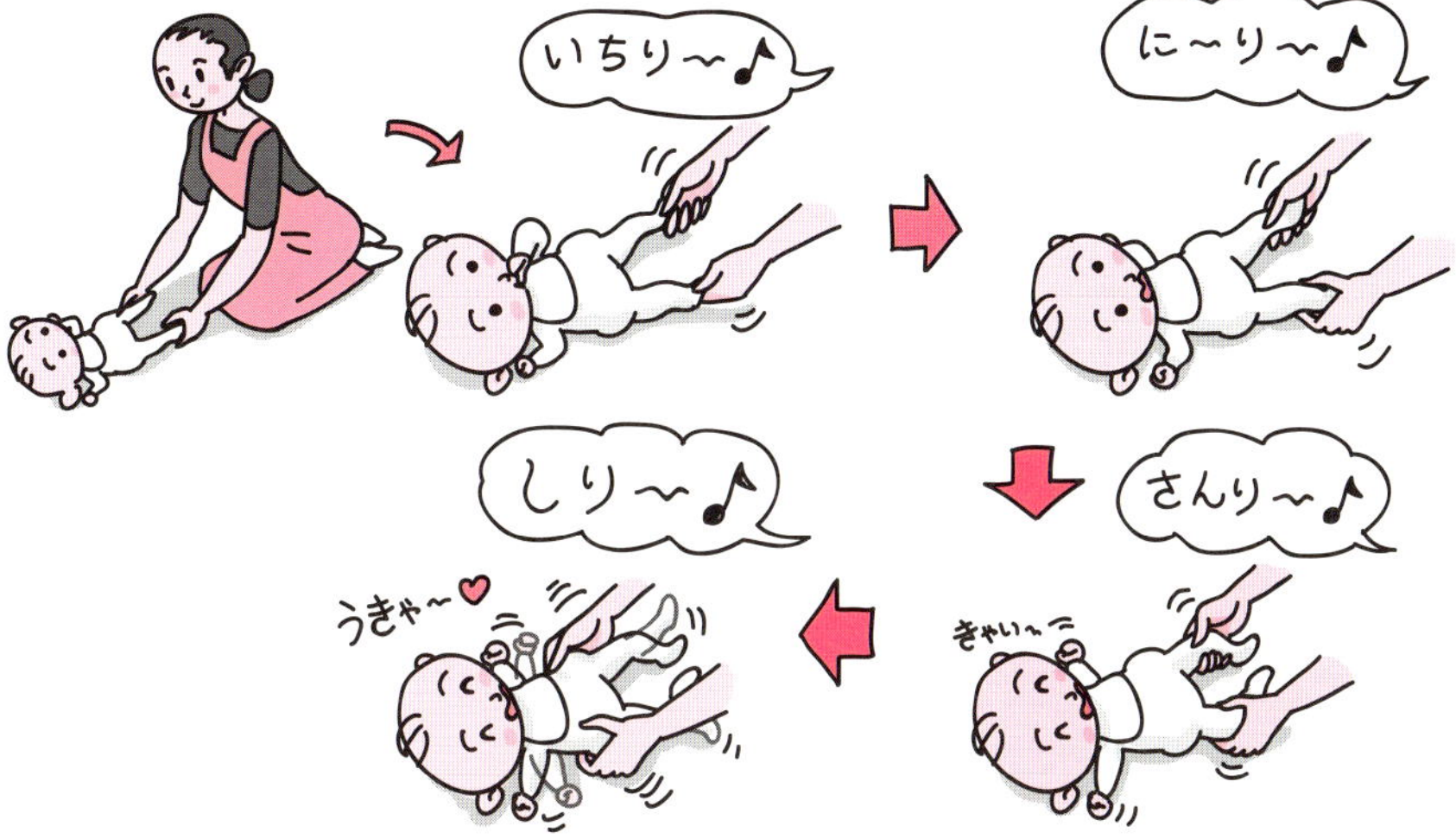


♫ いちり、にり、さんり、しり

## 5 複数の子どもが一緒に遊べるわらべうた

2人ではじめるとわかりやすい。大勢で一緒に行うと、あちこちの子どもの顔をみることができて一緒に笑いあえる。怖い顔をさせてにらみあいをするのがオリジナルの遊びだが、変な顔をさせて互いの顔を見渡し、最初に笑った子どもが負けになる遊びにしても楽しくできる。最後まで残るように頑張らせると、より面白くなる。「アッ　プッ　プーッ」の破裂音は、子どもが発話を楽しめるので、はっきりと発語できるようにしたい。

♫ だるまさん　だるまさん　にらめっこ しましょ
わらうとまけよ　アッ　プッ　プーッ

## 6 「いちりにり」を応用してみよう

123頁で紹介した《いちりにり》の応用編。ここでは「五里」を足してアレンジした。「ごり」ではしっかりお尻を左右に揺らそう。おなかのあたりをやわらかく軽くくすぐっても良い。

♫ いちり、にり、さんり、しり、ごり

**1** お話をするように子どもに歌詞を話しかける。

いちりにりさんり
しりしりしり……
ごりごりごり……

**2** 言葉の語尾を揺らしながら伸ばしてみる。

いちり〜〜にり〜〜
さんり〜〜
しりしりしり〜〜
ごりごりごり〜〜〜

**3** 歌詞にあわせて、子どもの足先から順に上に向かって早めに触っていく。最後の「ごり」ではお尻だけ長くくすぐる。

いちり〜　にり〜
さんり〜　しり〜
ごりごりごり〜〜

**4** 同じように触るが、声の大きさにあわせて触る強さを変えたり、リズミカルに声をかけたりする。

♪い♪ち♪り〜♪にり〜〜
♪さんり〜〜
♪しり〜〜 ごりごりごりごり〜〜

**5** 子どもをくすぐって「キャッ、キャッ」と喜んだら、その都度、違った韻律で、最後は弾むようなリズムもつけて触って遊ぶ。

# 楽器で遊ぼう①準備編

## 子ども自身が楽器のおもしろさを味わえる準備をする

最近、家庭のなかにある「楽器らしい物」の多くは、電池が入っていて、ボタンを押すと音や音楽が鳴るおもちゃの楽器です。子どもは小さい頃からそうした音を日常的に聞いてきたと言えるでしょう。自分のカスタネットや鈴やタンバリンを持っている子はそれほど多くありません。園に通うようになってはじめて、「手を動かすことで音が鳴る楽器」に触れる経験をする子どももいます。

2歳を迎える頃には、誰かと一緒に楽器を鳴らす活動ができるようになります。園に通いはじめるまで一度も楽器に触れた経験がない子もいることを前提に、楽器遊びの下準備をしておくと、保育活動を進めるうえでとても役に立ちます。

楽器を使った活動は「保育者自身が楽器で遊ぶことからはじまる」というと驚かれるかもしれません。保育者は、まずは1つひとつの楽器を手に取って、音をじっくり聴いてみてください。そして子どもが持つとしたらどこを持つか？　音の鳴り方を想像して片手で振ったり、両手で振ったり。手で叩いたり、撥《ばち》を変えながら叩いたり。いろいろな音の鳴らし方を試しましょう。また、どの高さから、どの角度で撥をおろすと良い音が出るかなどを、調べましょう。

子どもに楽器を手渡す前にこの作業をしておくことで、使用する楽器の形や重み、音の特徴を十分に知ることができます。大切なのは、それぞれの楽器の音の出方を知ることです。これは複数の子どもが楽器を一斉に鳴らす際の、音の組み合わせを決める基準になります。

## 保育者自身が楽器の扱いに慣れる

楽器の下準備が済んだら、活動で使用する曲を流して、その曲のリズムにあわせて楽器を1つずつ一通り鳴らしてみましょう。曲のテンポが心地良いと、子どもは精いっぱいの力で楽器を打ったり、振ったりして、音楽にのっていこうとします。ですから子どもが落ち着いて、安心して楽器に触れられるテンポをあらかじめ想定しておくことが重要です。

また、曲にあわせて楽器を鳴らしてみると、「あの子ならこの楽器ができる」「あの子は2つの楽器を持ちたがるかも」など、子どもの反応を具体的にイメージできるでしょう。

月齢に見合った楽器の操作方法を理解するには、子どもの手の大きさや巧緻性《こうちせい》を知っておくことが基本になります。保育者は無理のないように、また失敗しないためにも楽器の事前準備が必要です。

どのように楽器を扱うのか。その予測は、保育者自身が楽器の扱いに慣れることからはじまります。もちろん、安全への配慮も大切です。タンバリンの枠の穴に指を入れてはいけないことを注意するのも忘れずに。

# 楽器遊びの事前準備

## 1 楽器を集める

### 保育者自身が楽器の種類と音に詳しくなる!

園ではじめて楽器に触れる経験をする子どももいるので、まずは園にある楽器を集める。子どもがどのように楽器を扱うか想像しながらいろいろな種類の楽器を目の前に並べてみよう。

## 2 自由に楽器を鳴らしてみる

### 常識にとらわれず、自由な発想で楽器と遊ぼう!

楽器に触れ、その音をじっくり聞いてみよう。どこを持って、どのように音を鳴らす? 叩く場所は? 持ち方は? どうすれば良い音が出るか、位置や角度を丹念に調べよう。楽器の形、重さ、特徴を理解し、子どもに楽器を渡す方法も考えておきたい。

## 3 曲にあわせて楽器を鳴らしてみる

### 実際の曲にあわせて楽器を鳴らし、音の組み合わせを考えよう!

曲にあわせて、すべての楽器を一通り鳴らし、皆で楽器を鳴らしたときの音の組み合わせを考えよう。楽器のグループ（木製、金属、プラスチックなどの材質）から、どんな音が出るのか、それぞれの音量についても想像することが大切。

## 楽器と子ども　ちょっと一言

保育者が知っている楽器の使い方の「常識」は、子どもには通用しないことが多いようです。例えば、大人は木琴や鉄琴をみると「撥で板状（木・金属）の部分を叩く」ことがわかりますが、子どもは違います。つながっている板の部分に興味をもったり、ひっくり返す、積み木にして遊ぶ。乳児ならまずなめてみるでしょう。こうした子どもの楽器へのアプローチスタイルについても、保育者は十分知っておくと、「いま」「ここで」用意する楽器の種類が決まってきます。

# 楽器で遊ぼう❷実践編

## 子どもの音への興味を育てよう

園には必ず楽器があり、保育者が楽器をつくることはあまりないと思います。

しかし、既製品だけが楽器ではありません。子どもと一緒につくってみるのも楽しい保育活動です。なにより子ども自身に楽器への愛着が生まれます。手づくり楽器というと、使い捨ての物のようになりがちですが、用意する素材次第で、そこから生まれる音の美しさや不思議さ次第で大事に扱えるようになります。

例えば、ペットボトルに、色をつけた小石、色とりどりのビーズ、鈴も入れて振ると、きれいな音が出ます。外側に色紙やスズランテープを巻きつけ、同じ素材をボトルに入れてみましょう。中身がみえないと、入れた物の量の違いでボトルから違った音が出るのが楽しめます。

子育て支援センターで手づくり楽器製作を指導している方に話をうかがうと、「筒」を吹くことが苦手な子どもが多いことを教えてくれました。「口元をすぼめて」物を吹くことがなかなかできないそうです。台所で使うラップやトイレットペーパーの芯《しん》は、楽器として活躍するだけでなく、「吹く」動作の練習にも役立ちます。

ここで大切なことは、物と音との関係を身近に知る手立てを、子どもと一緒に探ることです。つくり方や鳴らし方を「教える」のではなく、工夫したことや、みた目の美しさ、音色のきれいさを、「誰かとともに味わえる力」を育むことがより重要です。

## 音の「しっぽ探し」をして遊ぼう

保育室にある楽器のなかから、一番長く音の響きが残る楽器を探してみましょう。みつからなければ、夏に使っていた風鈴を用意します。

用意ができたら、保育室の中央で軽く揺らして音を出してみてください。誰もいないがらんとした室内にやさしいきれいな音がスーッと響くでしょう。その音はいったいどこに消えていくのでしょうか？ よくよく音のゆくえを聴いてみると、音には「しっぽ」がありそうに思えませんか？ この素朴な疑問を子どもと一緒に味わえる活動に、聖心女子大学の今川恭子先生が実践されている「音をみよう」という活動があります。

具体的には、きれいな音が出る楽器を複数用意して、静かな保育室で行います。「先生が音の蛍を飛ばすから、どこへ飛んでいったかよくみてね」と座っている子どもに声をかけたあと音を鳴らし、その行方をじっと聴いてもらいます。子どもたちの回答は、天井や窓辺を指さすことが多いとのことでした。

音に全神経を集めて聴くことは、日頃の保育活動ではないことです。消えていく音や音のしっぽのゆくえを探して聴き耳を立てる体験は、意義のある活動になるでしょう。

# 身近な音を楽しむ

楽器づくりで大切なことは、身近な物を通じて「物と音の関係」を知り、つくるプロセスを子どもと一緒に楽しむこと。つくり方や鳴らし方を「教える」のではなく、音を鳴らすための工夫や、形と音の組み合わせの美しさや不思議さを子どもと味わってみたい。

## ペットボトルに物を入れて音を鳴らす

空のペットボトルのなかに、材質や大きさの違う物を入れて、音色の違いを楽しもう。米、どんぐり、細かく切った色紙、鈴など身近な素材を利用する。素材の量を変えて音の変化や音量を聴き比べてみたい。

## ラップやトイレットペーパーの芯などの筒を吹く

ラップの芯の穴の部分に口を近づけ、口元をすぼめて静かに吹く。くわえて声を出しても良い音がする。「吹く」練習になる。

## 紙コップの音を楽しむ

紙コップにそっと耳を近づけて軽く叩いたり、さすったり。耳元で聴こえる紙の音が心地良い。糸を使った糸電話も楽しもう。

## 空き箱にたこ糸や輪ゴムを張って

ティッシュペーパーの空き箱や長方形の缶などにたこ糸や輪ゴムをぴんと張って、指で軽く弾く。指で弾いたあとの音の余韻を楽しむことができる。

## 音のしっぽをつかまえよう

静かな保育室で行う遊び。きれいな音が出る楽器をいくつか用意して、「先生が音の蛍を飛ばすから、どこへ飛んでいったかよくみてね」と言って、音を鳴らす。座っている子どもに、音のゆくえ（余韻）を聞かせよう。

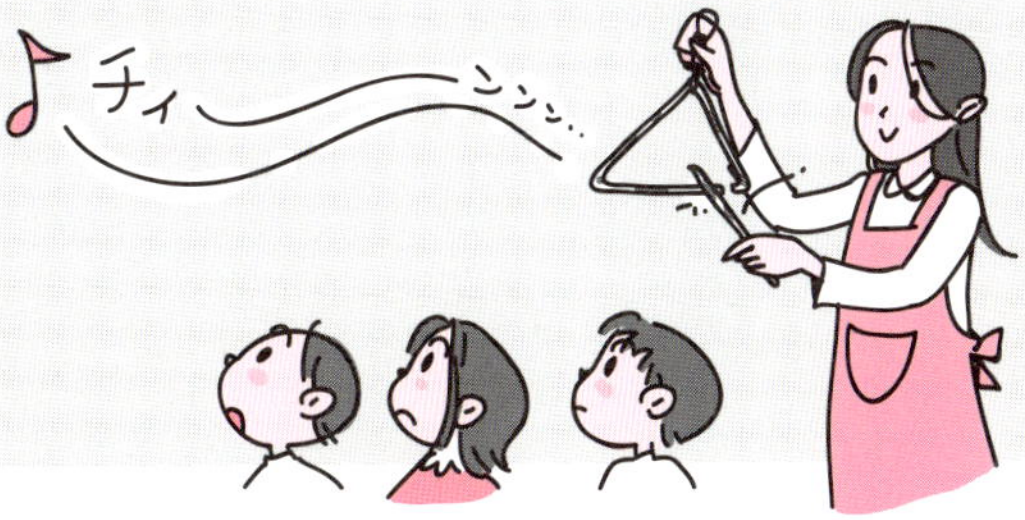

# 子どもの音への可能性を伸ばす保育

音や音楽に関係する保育では、子ども自身が音との触れ合いを楽しむことが大切です。次の6つの実践を気に留めて、子どもとの音遊びをより豊かなものにしましょう。

## 手拍子は子どものリズムにあわせて

音楽の聴き取り方、リズムにあわせて身体を動かすしぐさは1人ひとり異なります。個人差もありますし、独特な感性をもつ子もいるでしょう。保育者が使用したい曲に正確にリズムをあわせる「拍打ち」を求めるあまり、無理強いをして子どもが音と触れ合う楽しみを奪わないようにしましょう。子どもは大人が苦手な「変拍子」がとても上手です。子どもの変拍子にあわせてリズム遊びをするのもまた楽しい音遊びです。

## 歌い出しは子どもの歌声から

歌を歌うとき、ピアノの伴奏からはじめずに、子どもに「歌い出し」を任せてみましょう。音程やリズムがずれていると感じても、子どもの歌声に保育者の声をあわせてみると、思いがけなくほのぼのとした歌になっていきます。ピアノの伴奏だけが音楽を引っ張るものではないことにぜひ気づいてください。

## 音と触れ合う時間はたっぷり余裕をもって

子どもはいろいろな音に囲まれて生活をしていますが、興味をもつ音は1人ひとり違います。楽器でなくとも、物にはたらきかけると何らかの音は出ます。子どもが物から出る音に気づき、それを楽しむことは、音を通して物の特徴をつかむことでもあります。保育室に、音の鳴る物をさりげなく用意して、「自分で選んだ音で遊んでいるよ」という子どもの意欲を育む配慮をしましょう。そして、子どもが飽きるまで、お気に入りの音にかかわる時間をたっぷりと用意しましょう。

## 音の大きな楽器には使用制限を設けて

子どもの繊細な聴力に配慮して、音の大きい楽器には使用制限が必要です。時間や曜日を決めて、「自由に遊べる20分」を設定するなど、使用時間にも工夫しましょう。

このとき、耳の大切さに気づかせる話を子どもにするのも良いでしょう。

## 音楽発表会は、保護者ではなく子ども自身が心から楽しめる内容に

子どもにとって、決められたパターンの2つを同時にするのは難題です。例えば、歌いながら踊る、歌いながら楽器を弾くことは、保育者が思う以上に難しい動作となります。

とくに最近はやりの、テンポが速くて歌詞が複雑なポップスの曲は、思いがけず難しいので、子どもへの負担が大きくなります。発表会などで、見栄えの良さや保護者の受けが良いと難しい曲を選ぶ園もあるようですが、発表会はまず子ども自身が楽しむ場であることを再認識することが大切です。

## 楽器を使用するときの約束事を決めよう

子どもは大人が思ってもみない楽器の触り方をします。太鼓の側面を叩いたり、木琴の鍵盤を引っ張ってみたり。最初は子どもならではの方法で楽器と触れ合う時間をたくさん用意しましょう。

このときは楽器の正しい扱い方よりも、むしろ楽器を大切に扱うことを教えましょう。幼い子どもであっても、「壊さないようにね」「大切に、そっとね」など、折に触れてていねいな言葉で楽器の扱い方を話しておくと、子ども同士で確認しながら約束を守れるようになります。

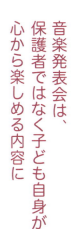

# 歌の選び方

## 子どもの発声の発達を知ろう

子どもは言葉を獲得する過程でさまざまな声を出し、まわりの人からの反応を見聞きして声の出し方を学んでいます。子どもと歌を歌うときに重要なのは、目の前にいる子どもが「いま、どのような声を出しているか」をよく観察することです。

まず、1か月頃になると徐々に喃語に近い声が登場します。喃語は、月齢を追うごとにシンプルな母音のような音から、子音も増えて繰り返しの多い反復音へと範囲が広がり、子どもは大人の話し言葉のような音を長々と繰り返すことができるようになります。

とくに、1歳前後では、「マンマ」「アッタ」などと聞こえる短い音が出はじめ、周囲の大人は「日本語の音」に近いことに気づいて、初語が出たと喜びます。初語のほとんどが「マンマ」や「ママ」などと認識されるのは、これが親や保育者にとって身近な音で、それ自体が皆を喜ばせる言葉であることにつながっています。

では、乳児期に「歌う」歌は、どのようなものが適切なのでしょうか？　当然、子どもの発声の発達段階に即した歌選びが重要になってきます。

例えば「あんぱん」という言葉は、唇を上下に開閉するだけで発音できますが、「たまご」は口のなかのいろいろな部位を使って発音しなければなりません。舌を前の歯茎にあてながら、急に下に下ろして「た」を発音したあと、上下の唇を閉じて破裂させる、というように。これは子どもには大変な作業です。

## 選曲のポイントは言葉の理解を基準に

ここで、子どもと一緒に歌う歌を選ぶ際の、具体的なポイントを3つ紹介しておきましょう。選曲のポイントの解説と曲名は133頁に掲載していますので、参考にしてください。

**❶ メロディの高低差が大きく頻繁にある曲より、喃語のようなゆるやかな動きのメロディの曲を選ぶ**

**❷ リズミカルな曲で発声しやすい歌を選ぶ**

**❸ 大人の気に入った歌詞の曲ではなく子どもが歌詞を理解できる曲を選ぶ**

子どもと歌のやりとりをするとき、「子どもの反応が歌を変化させていること」に気づいてください。また、子どもは、保育者の歌声と表情から、保育者自身が楽しんでいるかどうかも読み取っています。生活のなかで頻繁に子どもが使っている言葉の入った曲を選んで歌いかけ、一緒に楽しんでみてください。その曲がいつの間にかいつも口ずさむ愛唱歌となり、子どもを元気にする曲になるでしょう。

保育者は、歌おうとする曲の歌詞を必ず事前に声に出して読んでおき、シンプルに発音できるか確認しながら曲選びをすることが大切です。

# 歌選びのヒント

## 1 喃語のようにゆるやかなメロディ曲を選ぶ

乳児はキーキーと声をあげたり、強く高い声で泣いたりすることもあるが、喃語や言葉を発声するときの音域は広くない。また、乳児にはゆっくりと歌える曲が基本なので、唱歌や童謡のように１音に１つの言葉が配置されているものを選ぶと良い。なにげなく口ずさめる歌を選び、繰り返し歌えるようにしよう。

曲名

- チューリップ
- ぞうさん
- きらきらぼし
- ちょうちょ
- おんまはみんな
- ひげじいさん
- てをたたきましょう
- ぶんぶんぶん

## 2 リズミカルな曲と発声しやすい歌を選ぶ

子どもはリズムカルな歌には早くから反応して身体を動かそうとする。例えば《アイアイ》はゆったりしたテンポであれば、「アイアイ」の部分だけ一緒に歌うことができる。下の曲を少しアレンジして、「ぱぱぱぱぱ」「ぷぷぷぷ」「あんぱんまん」といった発音しやすい言葉を取り入れ、「その子に向けた曲」をつくってみよう。

曲名

- アイアイ
- いとまきのうた
- おんまはみんな
- パンダ・うさぎ・コアラ
- あらどこだ
- ひげじいさん
- てをたたきましょう
- さんぽ
- きらきらぼし
- ぶんぶんぶん

## 3 大人が気に入った好きな曲ではなく、子どもが歌詞を理解できる曲を選ぶ

大人の想いで歌詞が書かれた曲は、子どもには内容が理解できないことが多いので気をつけよう。乳児期の歌のやりとりは、子どもの反応で歌が変化する。また、子どもは保育者の歌声と表情から、保育者自身が楽しんでいるかどうかも読み取っている。一緒に楽しめる曲を選ぼう。

曲名

- おおきなたいこ
- きらきらぼし
- てをたたきましょう
- ことりのうた
- かたつむり
- パンダ・うさぎ・コアラ
- とんぼのめがね
- サッちゃん

# 「歌詞」を語りかけて遊ぼう

子どもは、保育者の「話しかけ」のときの声と「歌いかけ」のときの声が違う構造をもっていることを聞き分けています。ともすると、保育者はメロディを「正しく」歌わなければならないと思い込みがちですが、子どもは保育者の「声」そのものが大好きなのです。歌詞を語りかけて、子どもがうれしそうに動きはじめたり、「アーアーアー」とリズムにあわせて一緒に声を出しはじめたら、大成功。曲というより遊び歌です。わらべうたのように、積極的に保育で使ってみましょう。

## ♪チューリップ　作詞近藤宮子　作曲井上武士

誰もが一度は聞いたことがある有名な曲。子どもと一緒に身体を揺らしながら、ゆったりとした気持ちで遊ぶのがコツ。歌詞に出てくる色を替えて読んでも良い。

♫ さいた　さいた　チューリップのはなが
ならんだ　ならんだ　あかしろきいろ
どのはなみても　きれいだな

## ♪ゆき　文部省唱歌

「ゆき」を「雨」や「おひさま」に替えて遊ぶ。最後に登場する動物の名前を替えるとより楽しめる。

♫ ゆきやこんこ　あられやこんこ
ふってもふってもずんずんつもる
やまも　のはらも　わたぼうしかぶり
ネコはこたつでまるくなる

## ♪ 手をたたきましょう　訳詞小林純一　作曲チェコ民謡

子どもの手をやさしく触って遊ぶ。顔を近づけたり離したりしても楽しめる。

♫ てをたたきましょ　タンタンタン　タンタンタン
あしぶみしましょ　タンタンタン　タンタンタン
わらいましょ　あっはっはっ　わらいましょ　あっはっはっ

あっはっはっ　あっはっはっ　ああおもしろい

## ♪ うみ　文部省唱歌

小学校で習う歌なので誰でも知っている。波にあわせて子どもを揺らしながら、歌詞を聞かせてあげよう。

♫ 1　うみはひろいな　おおきいな
つきがのぼるし　ひはしずむ
2　うみはおおなみ　あおいなみ
ゆれてどこまで　つづくやら
3　うみにおふねを　うかばせて
いってみたいな　よそのくに

## ♪ ひよこ　文部省唱歌

ひよこの鳴き声とにわとりの鳴き声をまねて遊ぶ。

♫ ひよこがにわで
ぴよぴよぴよ　ぴよぴよぴよ
ひよこのかあさん
こっこっこっ　こっこっこっ
ぴよぴよぴよ　ぴよぴよぴよ
ごはんをたべよ　と、こっこっこっ

※ ほかに「パンダ・うさぎ・コアラ」「おふろじゃぶじゃぶ」「トマト」「山の音楽家」「アイ・アイ」「おもちゃのチャチャチャ」「やきいもグーチーパー」なども歌詞遊びに適している。

# 歌声とピアノ伴奏

## なぜ鍵盤楽器を使うの?

保育活動で音楽を使う際、多くの保育者はまず曲の選択からはじめます。担当する子どもの実態や季節、これまで継続してきた遊びの流れなどを考慮して選びます。なかでも、伴奏の難易度は選曲の判断に影響するでしょう。ピアノ伴奏は「必要で当たり前」のものなので、保育者はその活動に鍵盤楽器が必須かどうかを考える間もなく、伴奏譜の選択をはじめることになります。

保育士の国家資格取得や教員（幼稚園教諭と小学校教諭の一部）のカリキュラムには、ピアノなどの演奏に関する学習は必修になっています。音楽（演奏や創作）が仕事の一部に組み込まれた職業に就くためには鍵盤楽器が必要とされ、演奏技術の向上に向けたトレーニングがなされます。就職試験ではピアノ演奏が課題となっているところもあるからです。

さらに、近年は園の課外保育で幼児向けレッスンを用意しているところもあり、子どもとの音楽活動に鍵盤楽器の演奏力は欠くことができないものになりました。

曲中のメロディには、自ずと適したハーモニー（伴奏）の構成があり、作曲家は心砕いて伴奏の音を組み立てて作曲をします。よって、演奏にとても技術が必要な形式となっていたり、曲がもつ響きを勘案して調号のシャープ（♯）やフラット（♭）が多くついた調に設定されていたりすることもあります。

そこで鍵盤楽器の初心者や苦手意識をもつ保育者が求めるのは、シャープやフラットがないハ長調の曲や鍵盤操作の困難性が少ない簡易伴奏楽譜やキーボードハーモニーの記号が付された楽譜です。しかし、本当にそれで良いのでしょうか。

## 子どもの歌に伴奏はいつも必要?

一方、ハーモニーを聞いている子どもはというと、大人のように自分が必要と思う音に特化して聴き取る能力が未熟なので、歌う活動を支える肝心のメロディを十分に聴き取れない、ということがおこります。「そこにあるすべての音を聞く」のが子どもの聴き方ですから、本来保育者には子どもの聴力の特徴にあわせた音楽活動の手法が必要です。

まず、子どもにメロディを単旋律、つまり伴奏なしで繰り返し提示してみます。そのメロディに子どもが十分に心を寄せるようになってから、ハーモニーとしての伴奏をつけるのです。はじめて聴くときにメロディが間違っていたり、異なるハーモニーが混じった伴奏が鳴り続けていたりすると、メロディの記憶が断片的になるからです（Jinkyら 2013）。

ハーモニーは「聴く」活動を中心にしたときにかぎり、歌唱では単旋律のメロディだけを提示する。これが、子どもが歌のメロディを迷わず歌い、楽しむための近道です。

# 鍵盤楽器を使うときの注意点

歌の活動を支えるのは、子どもがメロディを十分に聴き取り、理解することが基本となる。まずは子どもにシンプルに単旋律を示そう。子どもがその旋律を聴き覚えて、歌の内容に十分心を寄せ、歌詞が歌えるようになったら、ハーモニーとしての伴奏を加えて、音の響きを丸ごと楽しもう。

## 保育者と子どもの音の感じ方と思いのズレ

# 聴力に問題のある子ども

## 耳が聞こえにくいことを、幼児は自覚できない!!

子どもと保育者が日々過ごす音環境自体が騒然としていると、子どもへの言葉かけはつい大きな声になりがちです。子どもに伝えようと大声で話しかける保育者は、「これだけ大きい声で言っているのだから、子どもにも届いているはず」と思っていることが多いようです。しかし、実は子どもには「聞こえていない」こともあります。

例えば、伝えたことを「忘れやすい子ども」とか、話をちゃんと聞けない「イライラしやすい子ども」のなかに、「本当は聞こえていない」ために、忘れやすさやイライラが目立つ子がいる可能性があります。

「音が聞こえにくい」ということは、0〜2歳の子どもはもちろん、5〜6歳の子どもでも自覚し難いことです。しかも、「みえない」ことと違って、はっきりと周囲に認識されないままになっていることが多いのです。子どもの立場に立って考えてみると、本当は聞こえないのに、なぜかいつも「自分だけが先生に叱られる」とか、「あれあれ、皆が園庭に出ていくのはどうして?」とワンテンポ遅れた行動になってしまいます。

保育者は、子ども全体に向けて話をする際には、呼びかけてもなかなか集まらない子どもや、皆と一緒の返事だけはしっかりしていてもその後の行動が伴わない子どもにも気を配ってあげてほしいのです。とくに、いつも保育者のそばに近寄ってきて話を聞こうとする子ども、絵本の読み聞かせや紙芝居のときに必ず前に出ていこうとする子どもの聴力に注意を向けて、ていねいにみてあげてください。

## 聴力の特性か、聴力の問題かを見分けよう

1歳頃になると、周囲で話している人の言葉から「自分の名前」が聞こえると、ちょっと振り返って相手のほうをみて、気がついているようなそぶりをみせることがあります。その後4〜5年を経て、私たち大人が意識しないでできる「ザワザワした騒音のなかから自分に必要な音や声を拾い上げ、聴き取る力」、つまり注聴する力が育っていくと考えられています。

しかし、聴覚に問題のある子どもは、保育者の指示通りに動けないために叱られたり、お友だちとの会話もかみ合わなかったりします。そして、そうしたことが重なって自信をなくしたり、気持ちが不安定になったりします。

とくに、言葉の子音は高い周波数が伝えているのですが、騒音のなかでは聴き取りにくくなります(Sahafer 2010)。言語発達の点からも、周囲の音環境を整えたいものです。

保育者は、注意や集中ができないだけでなく、「聞こえにくさをもつ子ども」へ適切な配慮をすることが必要です。

# 子どもは本当に聞こえているの?

保育者は、「これだけ大きな声で話しかけているのだから聞こえているはず」と思いがちである。しかし、なかには本当に聞こえていない子どももいる。「みる」ことと違って判断しづらいが、周囲の声がうまく聞こえずにつらい思いをしている子がいるかもしれないし、本人が聞こえないことを自覚していない場合もある。以下にあてはまる子どもはていねいに様子をみるようにしよう。

いつも保育者のそばに
近寄って話を聞こうとする。

返事は皆と一緒にしても
そのあとの行動が伴わない。

「伝えたことを忘れやすい」と感じる。
(聞こえないために伝わっていない)

話をちゃんと聞けない、イライラしやすい。

集団に呼びかけてもなかなか集まらない。

# 豊かな音・声・音楽のための環境づくり❶保育室の騒音

## 海外の保育室の音環境基準値

2000～2001年の8か月間、筆者はスウェーデンのストックホルム市内の保育園で保育活動中の音環境を測定する機会がありました。室内の活動を見学すると、子どもたちの動きや言葉のやりとりがダイナミックで生き生きしていたにもかかわらず、日本と比べて保育室内の環境音の平均値（LAeq）は50～70dB程度の低レベルで推移していました。

スウェーデンでは室内の残響値に「国の基準＝0・6秒」という決まりがあり、国内の保育室はほぼ同じ仕上げ材でつくられていて、残響時間が短い状態でした（アメリカやイギリス、デンマーク、ドイツ、ベルギーなどの欧州諸国、オーストラリアなどでも同様の基準を設定）。

## 日本の保育室の特徴

それでは、日本の保育室内はどのような音環境なのでしょうか。

日本では園の室内騒音に関する基準などはありません。例えば、言葉が明瞭に聞こえる重要性を指摘した研究（Bradley ら 2008）では、室内の残響時間をそれぞれ0・4秒、0・6秒に変化させた室内で、言葉の聴き取り実験をしたところ、5歳児では0・4秒で80～85％、0・6秒で75～80％の正解率という結果でした。成人の正解率がともに90％以上だったことを考えると、この結果は保育室での会話音声をあいまいなまま聞き逃している子どもがいることを示しています。

## 室内で音が響かないスウェーデンの保育室

一方、スウェーデンでは、遊戯室と保育室が1つになった部屋を中心に、家庭を模したいくつかの部屋からなる群を構成していて、これが1つのクラスとなります（143頁参照）。また、保育室の天井にはすべて吸音材が張られており、少しくらい騒いでも反響しません。保育室内はとても穏やかな音環境でした。

一般的には、吸音素材となるソファやカーペットを身近に置くと室内の残響時間が短くなり、室内空間の「居心地」は数段良くなると言われています。「音の残響時間が短い＝室内で音が響かない」ことを視野に入れて保育環境を整えることの必要性を感じました。

日本の最近の建築スタイルとしてオープン型の保育室が増えていることもあり、保育室の音環境の改善は継続的な課題ですが、「喧噪感がある保育室」が一般的でさえある状況です。

日本でも、早急に保育室の音環境基準の検討が必要です

# 日本とスウェーデンにおける保育室の音環境比較

## 日本の保育室の測定結果
## 保育室内が反響状況のままでの音圧レベル「最大値」「平均値」「最小値」の時間変動（10月）

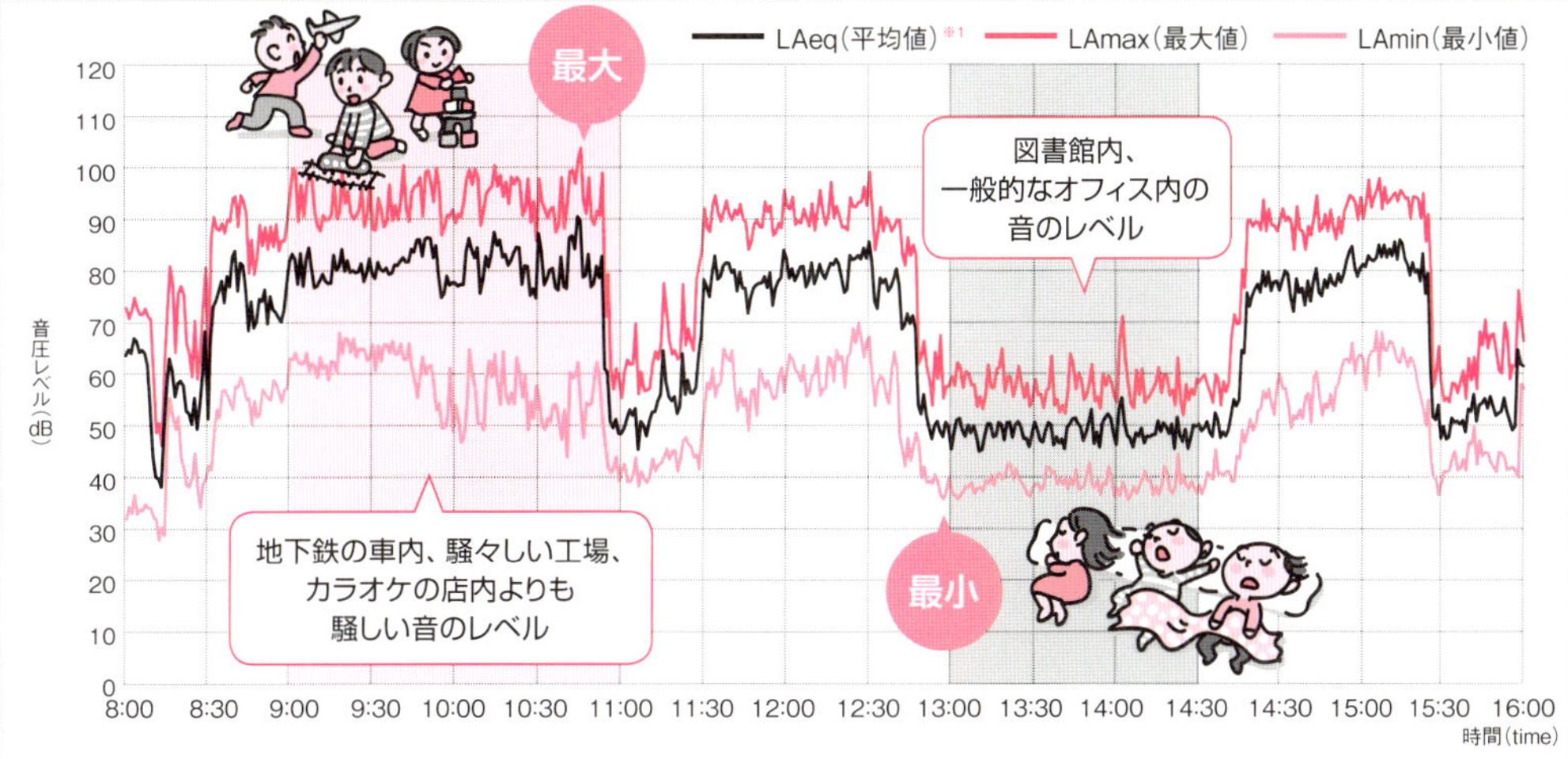


※1　LAeq：等価騒音レベル。騒音レベルの時間平均値を算出したもの。

## ストックホルム4園の測定結果
## 音圧レベル「平均値」のみ時間変動（10月）＝förskola

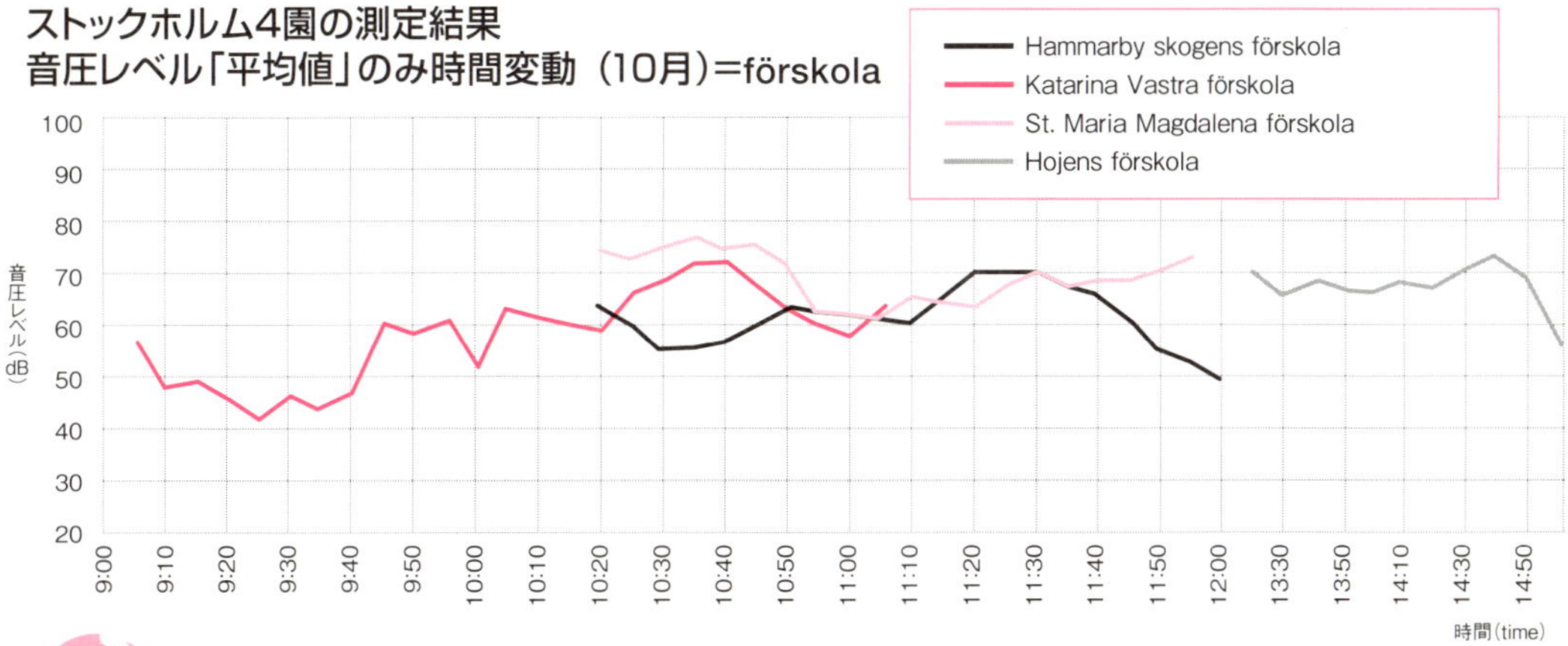


## 日本の学校の騒音基準は

文部科学省の学校環境衛生基準では学校教室内の騒音レベルは50dB（閉窓時）、55dB（開窓時）とされていて、外部から流入する音は問題になる基準がつくられています。50～55dBは、一般的なオフィス内でのレベルと言えます。ちなみに、日本建築学会音環境保全基準では、学校教室内の騒音レベルは40dBを、残響時間は0.6秒を推奨しています。

# 豊かな音・声・音楽のための環境づくり❷保育室の構造

## 室内の「反響」構造が保育の質を決める

１４１頁で紹介した、日本とスウェーデンの保育時間帯ごとの音圧レベル値の違いには、保育室の構造が関係しています。日本の保育室の多くは、1つのクラスがほぼ四角い「教室的な形状」の部屋を1つもつという特徴があります。そして保育活動のすべてがこの1つの部屋でおこなわれます。

この室内構造の特徴は、保育をする際の見通しの良さがある一方で、室内の音の増幅にもつながることです。

近年、日本で増えてきたオープンスタイルの園舎は、これまでの3～4室ほどのスペースが1つの保育室となって開放されているため、室内空間を見通せる安心感があり、保育者同士の連携にも適しています（図3の③）。また、保育室の換気や光の取入れの自由度も高く、場所によって太陽光を受ける差もあまりないでしょう。

一方で、オープンな環境であることは、どの場所でも近くの保育の音が流れ込む状況を招きやすくなります。保育者の話し声、楽器の音、子どもの声もすべて混ざり合って「困ること」の1つにあげられるようになりました。

保育室の機能としては、子どもがどこで遊んでいるか気配が感じられ、子どものひとりごとも明瞭に聴き取れる環境でありたいものです。多様な音が充満する空間では、子ども同士の会話や歌声も十分に聴き取れないからです。

## 保育の時間帯によっては電車のガード下ほどの音量になることも

実際、日々の保育室の音の状況を観測すると、登園後から昼食までの2時間ほどと、午睡後のおやつから降園までの時間は、保育室がとてもにぎやかになることがわかりました。保育室内の残響の状況や子どもの年齢によって異なりますが、音量の最大値が１００dB（電車のガード下）になるほど遊びが盛りあがることもあり、子どもがもっているエネルギーをすべて出しきっているように思える時間帯でした。

子どもの視点で室内空間の役割を考えるとき、1人ひとりが遊びに集中する楽しみを味わえる場も必要です。子どもは常に活動的な状態にあるわけではありません。ときに「ぼんやり」したかったり、ただウロウロして気にいった遊びをみつけたいだけだったりして、そうした静かに、穏やかに過ごせる場も必要です。

１４１頁のコラムで学校の教室内の騒音レベルについて触れていますが、保育室については未だこうした基準がありません。保育者は、保育室がもつ利点と課題を検討する際には、音の環境にも目を向けることが大切です。

# スウェーデンの保育室

スウェーデンの保育室の特徴は、1つのクラスごとに、活動ごとの部屋が分けられていること。子どもの声や物を移動させる際に出る音が分散するしくみとなっている。

## 図3　保育施設のモデル

N=保育室　P=遊戯室

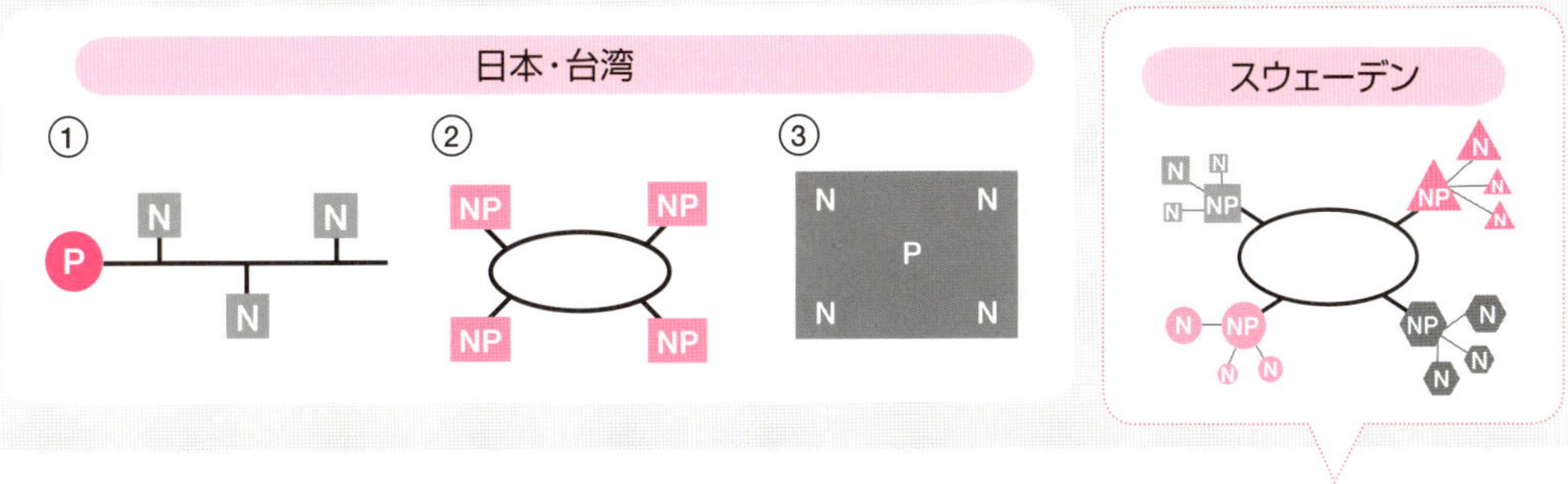


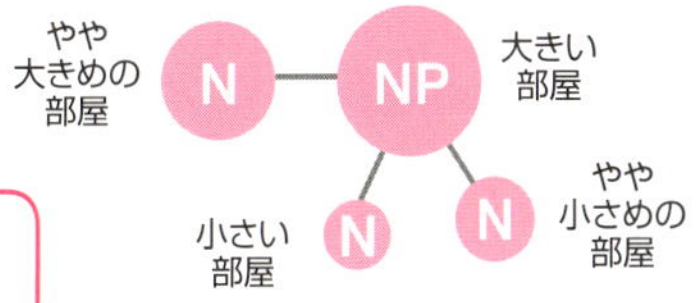


## 図4　スウェーデンの保育施設（一例）

**やや小さめの部屋**
音楽活動や絵画制作をする。

**小さい部屋**
物語を聞いたり、ごっこ遊びをする。

**やや大きめの部屋**
創作活動を中心に設定されているが、食事もする。

**大きい部屋**
一斉の中心的活動を行い、午睡（昼寝）もする。ピアノを使う活動では他のクラスも使用する。

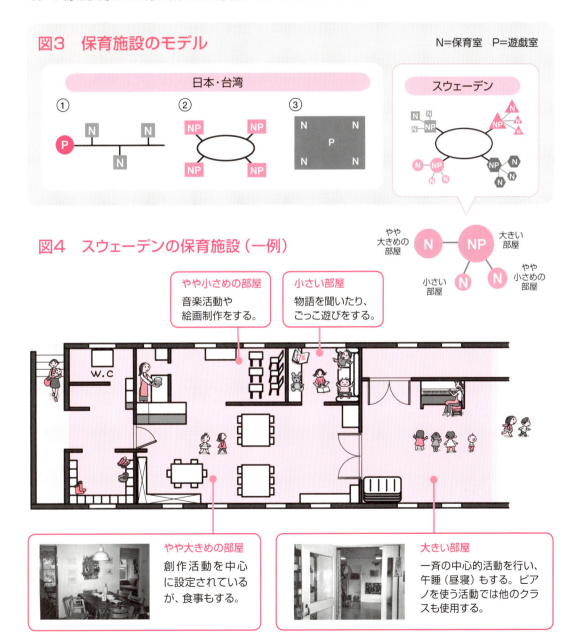

# 豊かな音・声・音楽のための環境づくり③吸音材の活用

## 午睡時間の静けさは安静環境として重要

保育環境が騒音から遮断されていることは乳児期の聴覚発達にとって重要です。とくに、長時間、同じ部屋にいる子どもは、午睡などの休息が唯一「耳を休ませることができる時間」となります。

騒音環境に居続けることは、耳の有毛《ゆうもう》細胞の酷使にもつながります。室内が安静環境として機能しているか（眠りに適した音環境であるか）を確認しておきましょう。

一般的な住宅の「寝室」の音環境では、LAeq値（音圧レベルの平均値）が30～40dBであることが安静な環境の基準値とされています。最近測定したあるオープンスタイルの保育室では、1階の奥まったところに乳児クラスがありましたが、残念ながら午睡の時間であっても、平均値では、最小値が常に50～60dB程度の音量で測定されました。

活動時間がにぎやかであればあるほど、休息時間の静けさが望まれます。

## 活動を活性化させるカーペットと畳の力

最近の園では、床のフローリング材におもちゃがぶつかる音や話し声が反響する建築素材が使われることが多くなりました。一方で、床に敷くカーペットはダニやアレルギーを排除するという衛生管理上のねらいから使用が減ってきています。

しかし、こうした敷物（厚手の布のカーテンやタペストリー、本畳、座布団など）は、音を吸う素材となります。ソファやカーペットの使用は残響時間が短くなります（１４０頁参照）。音が反響しない工夫として、積極的に取り入れてみてはどうでしょうか。

ある園では、子どもたちにおもちゃで遊んでもらおうと、座っている子どもたちの前に、おもちゃ箱から直接おもちゃを一斉に「ザーッ」と床に放り出していました。そのときの衝撃音の大きさには大変驚かされたものです。

## 床材が変われば保育スタイルも変わる

また、床材を場所ごとに変えてみましょう。きっと保育の活動スタイルが変わります。

保育室の一角にウレタン素材の小さなマットの部分敷きがあるだけで、座りながらの遊びが落ち着いてできます。汚れても、予備があれば取り替えて対応できます。また、保育室に畳コーナーがあると、ごっこ遊びの展開も充実します。衝撃音も吸収されて耳にやさしい環境になることに加え、ツルツルと滑らないので遊び方にも変化が出ます。畳などが複数個所にあると、子どもはハイハイして遊ぶ場所を自由に選べます。

保育者は、保育室の「音」環境を落ち着いた状況にするように工夫したいものです。

# やってみよう！　保育室の吸音対策

●ソファの導入
●ウレタン素材の敷物
●クッション類・タペストリーの活用
●ぬいぐるみを置く
●壁に吸音材を取りつける
●厚手の布地カーテン

## 吸音隠れ家をつくってみよう

子どもが「大きな声で先生を呼んでも振り向いてくれない」、保育者が「夕方の降園時でも子どもたちが大声で話をしている」と感じることがあるとしたら、それは1日を騒音環境で過ごした証拠です。子どもにも息抜きが必要です。低い什器を置いて保育者の死角をつくらない工夫をしながら、カーテンや間接照明を活用した吸音隠れ家をつくってみましょう。子どもに大人気で、しかも発声の音量を小さくする効果があります。海外の保育室でみた「小さな穴蔵」や階段下の「コーナー」は、保育者が常に気にする「死角」となるため避けたい要素ではありますが、子どもにとっては周囲からの視線を避け、「隠れて」遊べる大人気のコーナーです。ぜひ試してみてください。

# 豊かな音・声・音楽のための環境づくり④保育者の音・声・動き

## 保育者にとって保育室とは

ここでは、室内空間における保育者の会話と作業のしかたについて考えます。まず、保育者にとっての保育室は、子どもとかかわる遊びや活動の空間です。そのため、子どもと行動をともにしながら、全体の動きを把握することが大切になります。

同時に、個々の動きや表情、話しかけてくる言葉を聴き取ってそれに応答し、子ども同士のやりとりに目を配ることもします。保育をおこなう室内空間は、子どもと一緒に遊び、それとともに子どもの安全管理をはかれる場であることが理想でしょう。

## 保育者同士が会話をするときの注意点

一方で、保育室は、保育者同士が「大人の会話」をする場でもあります。保育中に必要な情報交換や、活動の段取りを話します。

保育者同士が会話をする場面で、室内空間が騒がしいと、保育者の声は「大きな音量」かつ「大人の会話音声」になっていないでしょうか。そうだとすると、子どもは遊んでいても保育者の会話に気づいて手を止めたり、振り向いたりして保育者の言葉を聞こうとします。気にしない子もいますが、多くは保育者の声の様子に注目しています。

こうした子どもにとって関係のない会話音声は、例えば小声で話す、ジェスチャーを加えて会話そのものを減らすなどして、子どもが活動に集中できる環境にすることができます。子どもが家で絵本を読むときに、保育者同士の会話を再現するというエピソードは保育の様子を示していると言えます。つまり、子どもが活動を楽しんでいるときは、それを中断させない配慮が必要なのです。

また、保育室で子どもに話しかけたり、机や椅子を動かしたりするときに、自分がどんな声や音を周囲に届けているか意識したことはあるでしょうか。きっと、思いがけない音の発生に気づくことでしょう。

「音」の観点から、クラス全体の「居心地の良さ」を見直すと、子どもへの声かけも変わってくるものです。

## 同じ音や音楽を活動の合図に使わない

また、日々の生活のなかで、いつも決まった時間に同じ音や音楽が聞こえてくることは、子どもにも、大人にも利点はありません。それは、素晴らしい名曲であっても同じです。

近年は、始業・終業を告げるチャイムを使わない学校が増えてきています。ある特定の音や音楽に反応して時間を知るのではなく、自分で時計をみて時を判断することが、「自らの気づき」につながるからです。同じ音や音楽を活動の合図に使うことは避けましょう。

## 気をつけたい保育者の音・声・動き

保育室のなかで、保育者同士が会話をしたり、保育者が子どもに話しかけたり、物を動かしたりするとき、どんな声を、どんな音を、周囲に届けているか意識しよう。動作や声かけの1つひとつが思いがけなく大音量になっていることがある。子どもは、保育者が考えている以上に保育者の言葉を聞き、行動をみている。音・声・動きへの配慮を欠かさない保育をめざそう。

### 保育者の声や動きを子どもはどう感じているか？

**保育者同士が大声で会話をする**

**保育者が突然大勢の子どもに声かけをする**

**保育者が什器の移動で大きな音を立てる**

**保育者が子どもの間をバタバタと歩きまわる**

# 耳・声の発達―まとめ

## 胎児期

胎児の聴覚は受精7～8か月頃にほぼ完成する。出生までの4～5か月間は、明瞭ではないものの、母親の話す声のイントネーションはしっかりと伝わっている。胎児は母親特有の声のリズムや、声の高低差を常に聴いている可能性があることを親に伝えよう。

保育・支援のポイント

### 母親の声が「一番胎児に届いている声」胎児との「響き合う時間」をつくろう

#### 響き合う時間を大切にする

胎児は、とくに母親の話す声のイントネーションを聴いている。「腹壁を挟んでお話をする」気持ちで2人の響き合いの時間をゆったり楽しめる。

#### 父親の声を聴かせるときの配慮

おなかの子どもに父親の声を届けたいときは、胎児の動きを感じるときなどに、母親のおなかのすぐ近くから声をかけると良いことを伝えよう。

#### 周囲の人は音の配慮を欠かさない

周囲の人の声は母親の声の音量に比べるとかなり小さな音量で胎児に届いているが、急に大きな音を出したりしないように気づかいをしながら、妊婦とかかわりたい。

# 誕生〜1か月

胎児のときから聴いていた母親の声。出産後、はじめてその声を直接聴いた子どもは、声のするほうに顔を向けて聴くようなしぐさをする。子どもは看護師やほかの女性の声よりも、母親の声を好む。この時期は、「泣き声」だけですべてを表現している。泣き声のパターンはまだ変化が少ないので、泣きの理由は聴き分けられない。

## 保育・支援のポイント 母親の声が一番のお気に入り 目が覚めているときはやさしく名前を呼ぼう

### 目覚めているときはやさしく名前を呼ぼう

授乳やおむつ替えのときは声をかけてみよう。子どもは声が聴こえてくるほうに頭を動かしたり、手足を動かしたりして反応する。この時期は、話しかけるよりも、頬をやさしくなでながら、ゆったりとしたリズムで「○○ちゃん」などと名前を呼んでみよう。月齢が経つにつれ、子どもは声に反応して視線をあわせようとする。

### 睡眠中も穏やかな環境をつくろう

新生児は眠っている時間が非常に長く、大半が浅い眠りである。眠りを妨げることがないように、穏やかな環境を用意しよう。

### 静かな環境で子どもの耳を守る

新生児期は泣くのが仕事というほど頻繁に泣く時期であるが、耳が鋭敏なので、生活全体を通して静かな環境を整えることが大切。

# 2～3か月

30日齢前後になると「アー」とか「ウー」と聞こえる、やわらかい声を出すようになる。これが喃語の出発点となる。こうした声に「なあに?」などとやさしく返事をすると、子どもからも「ウー」などと返事が返ってくることがある。2か月以降は喉頭が徐々に変化し、声を出すための筋肉の動きも良くなるので、キーキー声やブツブツと聞こえる声なども出しはじめる。

保育・支援のポイント

## 喃語のはじまりともいえる「声」が出たら、聴き逃さず声のキャッチボールを楽しもう

### 声のやりとりをしているか

子どもの「声」が聴こえたら、抑揚をつけて「なあに?」とか、「はーい」とこたえよう。この時期は視線もしっかりあうようになるので、顔をみて名前を呼んだり、歌のサビの部分を歌ったりして声をかけると良い。子どもから声が返ってくるのを待つことが大事。子どもの声のトーンやリズムをまねて、声のキャッチボールを楽しもう。

### 哺乳の際、口唇や舌の動きは良いか

哺乳や飲み込み、噛むような動きは2～3か月頃からの発声の支えになる。哺乳の際、うまく口腔が発達しているか、子どもの口唇の動きや舌の動きにも注意しよう。

### 小さな声を聴き逃さない静かな保育環境をつくる

「アー」「ウー」などは、子どものはじめての言葉となる「喃語」の出発点である。子どもの小さな声を聴き逃さないためにも、静かな音環境となるように、保育者自身が声や物音に気をつけたい。

# 4〜6か月

6か月前後には「いないいないばあ」の声に興味を示すとともに、相手の顔が隠れたあとに再び出てくる面白さがわかる。簡単な手遊び歌にあわせて手を叩こうとしたり、スプーンなどを持たせるとテーブルや椅子を叩いたりして喜びを身体で表現する。首がすわって身体が自由に動かせるようになると、物をつかむ、なめるなど、自分がしたいことができるので、それまで手を伸ばすだけだったガラガラなどのおもちゃをつかんで振ったり、投げたりもするようになる。

保育・支援のポイント

## 音の鳴るおもちゃを好んで楽しむ様子など、視聴覚の発達を観察しよう

### 子どもの聴力に適した音を保育に取り入れる

子どもの興味にあった、この時期の聴力に適したおもちゃや楽器を触らせよう。打ち方によって微妙に音が変化する太鼓などのアコースティックな楽器を活用しよう。

### おもちゃを使って音遊びをしよう

ガラガラなどのおもちゃを使った音遊びを楽しめる。子どもがおもちゃに手を伸ばして届かないときは、すぐに手渡すのではなく、「もう１回やってごらん」と声をかけて励まし、おもちゃを少し近づけて自分でつかむのを助けてあげよう。取れたことがうれしくて「笑い声」を上げるようになる。

### 身近な物を使って音の違いを楽しむ工夫をしているか

シンプルな手遊び歌にあわせて一緒に手を叩いたり、スプーンなどを持たせるとテーブルを叩いたりする。身近な物でも叩き方によって音の違いを楽しめる。遊びを工夫して誰かと一緒に音を鳴らす喜びを味わわせよう。

# 7～11か月

早ければ4か月くらいから「反復喃語」と呼ばれる「ばばば……」や「ままま……」という長く連続した繰り返し音が出はじめる。月齢が上がると、単語のように短い音の喃語に変化する。さらに、「アジャ」「アダッ」「ダダッ」「ダーダ」など、発声できる音の要素も増えるので、保育者は「お話ができるようになった」「リズムに乗って反応している」と感じるようになる。子どもは大人の手の動きに敏感で、指を開閉したり（ニギニギ）、わらべうたの動作をまねたりできる。

保育・支援のポイント

## 反復喃語や短い単語のような喃語が出現する。子どもの声をまねてリズム遊びをしてみよう

### 五感を使った音遊びを経験させよう

保育者の手や身体の動きに興味をもち、指の開閉やわらべうたの動作がまねできるようになる。楽器で遊ぶときは、メロディの正確さにこだわらず、口や手で楽器の感触を確かめる、叩く、振る、落とす、積み上げるなど、五感を駆使した音遊びを経験させ、身体全体で楽器の音を体感させよう。

### 声やリズムを繰り返すときには、その子にあわせた変化をつけて遊ぼう

保育者の声の特徴と、話しかけや歌いかけのリズムのパターンを理解しはじめたら、ゆったり歌いかけて一緒に動作をしてみると良い。例えば、保育者の膝の上に座ってユラユラ動かしてもらうのが好きな子には、１つの曲をテンポを変えて繰り返し歌ってみよう。

### 近くにいる子どもの存在を知らせる

近くにいる子どもの存在に気づき、かかわろうとする。友だち同士で喃語を聴きあう、声や身ぶりのまねをしあうなど、友だち関係を意識した保育活動をおこないたい。積み木を手で打ちあわせるなど、音の出る物を活用した交流も良い。

# 1〜2歳

指さしとともに初語が出現しはじめる1歳頃は、保育者にとっては意味のある言葉でのやりとりができると感じられる時期。「ブーブーがきたよ」という保育者の語りかけに、タイミング良く返事もできるので、保育者は声でのかかわりが一層楽しくなる。大人の言葉のまねを頻繁にする。身近な音の違いを楽しめる。

保育・支援のポイント

## 指さしに加え、意味のある言葉が出現する。子どもの応答を待ってやりとりを楽しもう

### 保育室に置く物の音色に配慮しているか

子どもは歩けるようになると、室内のいろいろなところに音が隠れていることに気づく。思いがけないところから、思いがけない音が聴こえた喜びを指さしや表情などで伝えようとする。ままごとの道具、バケツ、積み木、鈴など、保育室にある身近な物を一緒に鳴らして音の変化を楽しもう。

### 遊びに歌を!

1歳をすぎると、読み聞かせてもらっていた短い言葉のフレーズを覚えていたり、文章の最後の部分（語尾）などを保育者の声にあわせて発音できる。歌いかけの場面でも、歌の最後の部分を保育者の声にあわせて歌うことができる。徐々に歌の一部分も歌ったりできるので、遊びとしても声や音を意識した活動を取り入れたい。

### わらべうたを活動の「合図」にしない

わらべうたを保育活動の切り替えの「合図」として利用すると、歌が「時間を教えるもの」になってしまい、歌自体を楽しめなくなるので注意しよう。

# 現場の悩みに答える! Q&A

## 子どもに大声で話しかける保育者へのアドバイス

**Q** 保育中、ほかの保育室まで聞こえるほど大声で話す保育者がいます。声の調節についてどうアドバイスすれば良いでしょうか。

**A** 保育者自身に、自分の声の大きさに気づいてもらうのは難しいかもしれません。保育活動の基本は、子ども1人ひとりが、その子なりに環境とかかわり、思いのままに遊びを深めていくことです。保育者は、常に子どもの活動に目を配り、個々人がどのように遊んでいるかをみて、必要があれば「その子どもの近くに行き」、支援をすることが大切です。「子ども1人ひとりの気配」を感じ取ることの意義を伝え、「その子どものそばに行って声をかける」ことをすすめてはいかがでしょうか。

## 怒ったような声で話す保護者へのアドバイス

**Q** 子どもに怒ったような声で話をする保護者がいます。気づいてもらい、やさしく話してもらうには、どうすれば良いですか。

**A** どんな人も、自分が話す声を客観的には聞くことはできません。「やさしく話をさせる」のはとても難しいことです。一度、何かのチャンスをつくって保育者の声を録音してみてはどうでしょうか?例えば、子どもをほめる内容や、集団を注意する内容など、同じセリフを用意して、1人ずつ別室で録音します。これを保護者に聞いてもらい、声の主がどの保育者かを当てるゲームをするのです。ほとんどの保護者が言い当てることができます。話し手が誰か、という情報に、私たち成人と同様、子どももとても敏感です。それぞれが声に個性をもちながら、その人なりの気持ちをどう声にあらわすのかを保護者に考えてもらうのが良いでしょう。一番心地良く聞こえた保育者の発話スタイルをまねてみるなど、とくに抑揚のつけかたへの配慮を一緒に確認してみましょう。

## 支援の必要な子どもの行動の特徴

**Q** 2歳近くになりますが、いつも保育者の話を聞いていないようにみえる子どもがいます。なぜでしょうか。

**A** 乳幼児期から児童期にかけての聴力の発達は、まだ十分に知られていないことが多いようです。保育室内での子どもの行動が、聴力の問題と関連づけられないために、支援の必要な子として認識されてしまうこともあるようです。138頁の内容を参考に、子どもの様子を聴力の視点でみてあげてはいかがでしょうか。
場合によっては、看護師や養護教諭と連携することも大切かもしれません。

## ピアノが上手に弾けない

**Q** ピアノを弾くのが苦手で、発表会のピアノ担当を代わりたがる保育者がいます。どのようにサポートすれば良いでしょうか。

**A** ピアノの伴奏は、音が多ければ多いほど、子どものメロディの聴き取りを妨げることがわかっています。保育者の声だけでも歌の活動は進められます。常に鍵盤楽器に頼るのは日本だけの特徴かもしれません。左手で弾く和音については、間違いながら重なった音を弾くよりも、メロディを支える適切な旋律があればそれだけで歌いやすいものです。メロディと、伴奏にある音をどれか1つ選んで弾くだけでも十分です。そして、保育者が自分の得意な分野をいかせるように、保育者同士が協力して「やりくりする」ことも大切ではないでしょうか。

## 父親にももっと子どもと話してほしい

**Q** ある母親から、「自分は子どもに積極的にかかわっているが、父親が声をかけないので困っている」と相談を受けました。

**A** 最初は母親の声だけで安心して過ごした子どもも、成長とともにしだいに身近な人たちの声を覚えていきます。とくに積極的にかかわってくれる人とは安心して声のやりとりができるようになります。父親の声は、女声に比べ1オクターブ近く低いので、子どもの聴力レベルではやや聴き取りにくい範囲の声です。しかし、幼児期から児童期にかけて子どもの遊びはダイナミックになり、男の人の力強い声はとても魅力的に聴こえます。「赤ちゃん」のときには力を発揮できなかった父親も、肩車や高い高いの遊びで積極的にかかわりながら話しかけると、母親と違った強さやリズムとして子どもの「好きな声」になっていきます。父親の「出番の時期」があることを教えてあげましょう。

- 呉東進『赤ちゃんは何を聞いているの？—音楽と聴覚からみた乳幼児の発達』北大路書房、2009年
- 嶋田容子「第4章　子どもと声を合わせたら」高田明他編『子育ての会話分析—おとなと子どもの「責任」はどう育つか』昭和堂、pp. 123-124、2016年
- 志村洋子・市島民子・山内逸郎「1歳児の歌唱様発声」『信学技報』pp. 63-70、pp. 90-111、1991年
- 志村洋子『ベビーメッセージ　赤ちゃんの気持ちがわかる「語りかけ育児」』ゴマブックス、2002年
- 志村洋子「乳児保育と環境構成」汐見稔幸、榊原洋一、小西行郎編『乳児保育の基本』フレーベル館、pp. 231-262、2007年
- 志村洋子「保育活動と保育室内の音環境—音声コミュニケーションを育む空間をめざして」『日本音響学会誌』72(3)、pp. 144-151、2016年
- 日本赤ちゃん学会監、小西行郎・志村洋子・今川恭子・坂井康子編著『乳幼児の音楽表現—赤ちゃんから始まる音環境の創造』中央法規出版、2016年
- 麦谷綾子「乳児期の母語音声—音韻知覚の発達過程」『ベビーサイエンス8』pp. 38-49、2008年
- 麦谷綾子・林安紀子・柏野牧夫「6ヵ月齢児のメロディーの記憶保持能力の検討」『日本赤ちゃん学会第13回学術集会抄録集42』2013年
- 山内逸郎『新生児』岩波新書、1986年
- Bradley J, Sato H. The intelligibility of speech in elementary school classrooms. *Journal of Acousti Society of America*, 123, pp.2078-2086, 2008.
- Coch D, Sanders LD, Neville HJ. An event-related potential study of selective auditory attention in children and adults. *Journal of Cognitive Neuroscience*, 4-17, pp.605-622, 2005.
- Fernald A, Four-months-old infants prefer listen to motherese. *Infant Behavior and Development*, 8, pp.181-195, 1985.
- Jinky J, Simon C. The effect of harmonic accompaniment primary two children's developmental music aptitude. *Procedic-Social and Behavioral science*, 106, pp.2714-2723, 2013.
- McDermott J, Hauser M. Are consonant intervals music to their ears?: Spontaneous acoustic preferences in a nonhuman primate. *Cognition*, 94, B11-B21, 2006.
- Moog H. Das muskier leben des vorschp fichtigen kindes. 1968.『就学前の子どもの音楽体験』(石井信生訳) 岡山：大学教育出版、2002年
- Nakata T, Trehub SE. Infants' responsiveness to maternal speech and singing. *Infant Behavior & Development*, 27, pp.455-464, 2004.
- Oller DK. The emergence of the sounds of speech in infancy. In G. Yeni-Komshian, J. Kavanagh, & C. Ferguson (Eds.), *Child phonology*, Vol 1. Production, New York : Academic Press, pp.93-112, 1980.
- Plantinga J, Trainor LJ. Memory for melody: Infants use a relative pitch code. *Cognition*, 98, pp.1-11, 2005.
- Saffran JR, Griepentrog GJ. Absolute pitch in infant auditory learning: Evidence for developmental reorganization. *Developmental Psychology*, 37, pp.74-85, 2001.
- Schafer EC. Speech perception in noise measures for children: A critical review and case studies. *Journal of Educational Audiology*, 16, pp.4-15, 2010.
- Trainor LJ. Infant preferences for infant-directed versus non infant-directed playsongs and lullabies. *Infant Behavior & Development*, 19, pp.83-92, 1996.
- Werner LA, Leibold LJ. Auditory development in children with normal hearing. *Comprehensive handbook of audiology*, 2, pp. 63-82, 2010.

月齢でみる

# 発達の流れ一覧表

各章でみてきた発達について、月齢ごとに一覧表にしてまとめました。
月齢区分はあくまでも目安となります。
保育をおこなううえでの参考に活用してください。

| 胎児期 | 1か月 | 2か月 | 3か月 | 4か月 | 5か月 |
|---|---|---|---|---|---|

## 運動

### 胎児期

移動のためのハイハイや歩行、食物を飲み下す嚥下、肺呼吸のための横隔膜の上下運動など、さまざまな運動をしつつ、生後の活動に備える。

**▼生後に必要な能力を自らつくりだしていく時期。**

### 1か月

昼夜の区別がなく、1日のほとんどを眠って過ごす。起きている時間は、自ら周囲を探索する。泣きが多い時期でもある。

**▼周囲への探索がはじまる時期。授乳や排泄の支援を中心に。**

### 2〜3か月

昼間起きて過ごす時間が長くなる。反射運動の多くがみられなくなり、代わって自ら物に手を伸ばすなどの意識的な運動が出現する。

**▼無意識から意識的な運動へ、「生後2か月革命」と呼ばれる運動の大変化が起こる。**

### 4〜6か月

首がすわり、脇の下に丸めたタオルを置くと両手で首を支えてもちあげ、ハイハイの姿勢ができる。クッションなどの支えがあると、お座りの姿勢もできる。

## 遊び

### 胎児期

五感（触覚、味覚、嗅覚、聴覚、視覚）を発達させながら脳がつくられていく。生後の対人関係に備えた顔の筋肉の動き（表情）ができはじめる。

**▼生後に必要な反射運動を、胎内で繰り返し試す時期。**

### 1か月

1日のほとんどを眠って過ごすが、起きているあいだは自発運動もみられる。母乳とミルクをかぎ分けたり、動く物ならゆっくりと目で追いかけたり（追視）する。

**▼起きている時間は、原始反射を利用して、保育者に世話をしてもらう時期。**

### 2〜4か月

首がすわりはじめ、追視や、物に手を伸ばしてつかむリーチングができるようになる。特に聴覚の発達が目覚ましく、声や音によく反応する。機嫌が良いときは保育者の微笑にあわせて微笑むことができる。

**▼意図が明確になり、周囲に自ら発信する場面がわずかにみられる。**

## 音楽

### 胎児期

胎児の聴覚は受精7か月頃に完成すると言われている。出生までの約半年間は、明瞭でないが母親の話す声のイントネーション（抑揚）やリズムを聴いている。周囲の人の声も、音量は小さいが届いている。

**▼胎児の聴覚は妊娠中期にほぼ完成する。胎児は母親の声や周囲の音を聴いている。**

### 1か月

胎児期に聴いていた母親の声を直接聴く時期。一番慣れた母親の声がするほうに顔を向けて聴くようなしぐさをみせる。頻繁に泣くが、聴力は鋭敏なので静かな環境が必要。

**▼聴き慣れた声に反応する。名前を呼ぶと視線をあわせようとする。**

### 2〜3か月

1か月頃に、喃語の出発点である「アー」や「ウー」というやわらかい声が出る。2か月以降は喉頭の位置が徐々に下がりはじめ、声を出すための筋肉の動きも良くなって、キーキー声やブツブツ言う低い声も出る。

**▼口腔の拡がりと筋肉の発達によって、発声音が徐々に変化する。**

### 4〜6か月

シンプルな手遊び歌を聴くと、それにあわせて手を叩こうとしたり、スプーンで机を叩くなど音を楽しむ。首がすわるので、物をつかむ、振るなど、したいことができる。

| 6か月 | 7か月 | 8か月 | 9か月 | 10か月 | 11か月 | 1～2歳 |
|---|---|---|---|---|---|---|

▼姿勢の変化とともに、認知能力が高まる。意識的な運動が活発化する。

## 7～11か月

お座り、ハイハイ、つかまり立ちができはじめる時期。みる世界に「高さ」が加わって視界が広がり、周囲の人や物と積極的にかかわろうとする意欲や気力が増進する。

▼お座り、ハイハイ、つかまり立ちができるようになる。探索活動への意欲が高まる。

歩行とほぼ同時期に言葉の使用がはじまる。さまざまな運動機能の獲得とともに認知能力が飛躍的に向上する。歩行では、すぐにチャレンジする子もいれば、かなり自信がつくまで歩こうとしない慎重な子もいる。

▼歩行と言語で他者と積極的にコミュニケーションを図ろうとする。

## 5～9か月

お座りの成立と視覚の発達によって、遠近感の認識が可能になる。主な移動手段はハイハイ。ワーキングメモリ（短期記憶）、共同注意が芽生え、認知能力が発達していく。

▼遠近感が認識でき、ワーキングメモリが育つ。

## 10～11か月

ハイハイとつかまり立ち（立位）が完成し、歩行へと移行するなど、移動範囲が拡大する時期。共同注意と言葉の理解でやりとり遊びが充実する。

▼「みる」だけでなく「みられる」ことを意識したやりとり遊びがはじまる。

歩行と言葉の使用がスタートし、「つもり・見立て遊び」を楽しむ。「ごっこ遊び」をはじめることもある。1歳後半には、親との世界から友だちの存在に関心が移っていく。

▼移動と言葉の獲得で他者とのコミュニケーションが充実し、友だちの存在を意識する。

▼意思が明確になり、遊び歌や、音の鳴るおもちゃをいろいろと触ったりして喜ぶ。

## 7～11か月

まず「ばばば……」という長い繰り返し音の反復喃語が出現する。これが単語のような短い音の喃語に変化する。「アジャ」「アダッ」「ダーダ」といった発声ができるなど、音の要素やリズムが増える。

▼自分が出した声を聴くようなしぐさをして、1人で声を出して遊ぶ。

歩行による移動で、物に触れたときに出る音に興味をもつ。思いがけないところから思いがけない音が聴こえると、保育者に指し示す。五感を駆使して楽器の音を楽しむ。気に入った発音を繰り返す。

▼自分なりの方法で音と触れ合おうとする。初語から次第に語彙が増える。

●編集

## 一般社団法人日本赤ちゃん学協会

赤ちゃん学の研究によって得られた知見を、講習会、講演会、出版、企業との連携サポートおよびコーディネイト等の普及活動をとおして広く社会に還元することを目的に設立された。「赤ちゃん学」とは、医学、小児科学、心理学、脳科学、ロボット工学、物理学、教育学、保育学、霊長類学などの異分野研究の融合による新しい学問領域である。日本赤ちゃん学会(2001年設立)は、ヒトのはじまりとしての赤ちゃんを総合的に、そして多面的な視点からとらえる「赤ちゃんを中心とした学問」の構築をめざして、学術集会や公開シンポジウムなどの開催や学会誌の発行をはじめ、研究や研究者、そして研究と現場の交流活動を積極的に展開している。

●著者紹介(執筆順)

### 小西行郎(こにし・ゆくお)

第1章担当。

同志社大学赤ちゃん学研究センター教授、センター長。小児科専門医。

1947年香川県生まれ。京都大学医学部卒業。福井医科大学小児科助教授、文部省在外研究員としてオランダ・フローニンゲン大学留学、東京女子医科大学乳児行動発達学講座教授を経て、現在に至る。

日本赤ちゃん学会理事長。日本赤ちゃん学協会代表理事。兵庫県立リハビリテーション中央病院子どもの睡眠と発達医療センター参与。

### 小西薫(こにし・かおる)

第2章担当。

すくすくクリニックこにし院長。

1948年京都市生まれ。1974年大阪医科大学卒業。京都大学医学部小児科入局。福井県立病院小児科、福井総合病院小児科、福井医科大学小児科臨床教授、さいたま市総合療育センターひまわり学園所長を経て2010年すくすくクリニックこにし開設。専門領域は、小児神経学、小児発達神経学、小児保健学、障害児教育学、育児学。

日本小児科学会認定小児科専門医、日本小児神経学会認定小児神経専門医。

### 志村洋子(しむら・ようこ)

第3章担当。

埼玉大学名誉教授。博士(教育学)。専門は乳幼児音楽教育学。

1950年和歌山県生まれ。東京藝術大学音楽学部声楽科卒業。同大学大学院音楽研究科修士課程修了。1978年より埼玉大学教育学部講師、助教授、教授を経て現在に至る。文部省内地研究員として東京大学医学部音声言語医学研究施設において「乳幼児の音声の音響学的研究」、文部省在外研究員としてストックホルム大学音声言語研究施設において「マザリーズ音声に関する比較実験研究」を実施。

同志社大学赤ちゃん学研究センター嘱託研究員。日本赤ちゃん学会理事。日本子ども学会理事。埼玉県家庭教育振興協議会理事。

赤ちゃん学で理解する乳児の発達と保育 第2巻
運動・遊び・音楽

2017年 7 月20日　初　版　発　行
2019年12月20日　初版第2刷発行

編　　集　一般社団法人日本赤ちゃん学協会
著　　者　小西行郎・小西薫・志村洋子

発 行 者　荘村明彦

発行所　中央法規出版株式会社
〒110-0016　東京都台東区台東3-29-1中央法規ビル
営　　業　TEL 03-3834-5817　FAX 03-3837-8037
書店窓口　TEL 03-3834-5815　FAX 03-3837-8035
編　　集　TEL 03-3834-5812　FAX 03-3837-8032
https://www.chuohoki.co.jp/

編集協力　狩俣昌子(INTERSIA)
イラスト　しゅうさく
装幀・本文デザイン　タクトデザイン事務所
印刷・製本　長野印刷商工株式会社

ISBN978-4-8058-5419-8
定価はカバーに表示してあります。
落丁本・乱丁本はお取り替えいたします。

## シリーズのご案内

### 赤ちゃん学で理解する乳児の発達と保育 第1巻
## 睡眠・食事・生活の基本

一般社団法人日本赤ちゃん学協会＝編集／三池輝久・上野有理・小西行郎＝著
2016年12月刊行、B5変形判、142頁、定価　本体1,800円（税別）

---

### 赤ちゃん学で理解する乳児の発達と保育 第3巻
## 言葉・非認知的な心・学ぶ力

一般社団法人日本赤ちゃん学協会＝編集／小椋たみ子・遠藤利彦・乙部貴幸＝著
2019年7月刊行、B5変形判、150頁、定価　本体1,800円（税別）

## 中央法規の保育関連書籍のご案内

## マンガでわかる
## 気になる子の保育

守　巧＝著　マンガ＝にしかわ　たく
2017年2月刊行、A5判、130頁、定価　本体1,600円（税別）

日常の保育では見えにくい「気になる子の心の声」「クラスの子どもたちの視線」「保育者のありがちなミス」をマンガで見える化。よりよい実践についてわかりやすく解説する。新人、中堅、ベテランの保育士、幼稚園教諭等のための実践本。

---

## 保育士・教師のためのティーチャーズ・トレーニング
### 発達障害のある子への効果的な対応を学ぶ

上林靖子＝監修、河内美恵・楠田絵美・福田英子＝編著
2016年7月刊行、B5変形判、108頁、定価　本体1,600円（税別）

行動を3つに分ける、ほめる、無視する、指示するという4つのステップで発達障害の子どもへの接し方を変える「ティーチャーズ・トレーニング」を紹介。子どもの「困った行動」を減らし、クラス運営が楽になる手法を解説する。幼稚園・保育園・小学校での実践事例も収載。